Küchen-Kräuter

Ute York

GARTEN
HOBBY-BIBLIOTHEK

Küchen-
Kräuter

Seehamer Verlag

© 1995 Seehamer Verlag GmbH, Weyarn
Alle Rechte vorbehalten
Wissenschaftliche Beratung: Dr. Günther Heubl
Fotoredaktion: W. Heubl, München
Gestaltung und Zeichnungen:
Uschi Müller und Sabine Hofmaier, München
Umschlaggestaltung: Bine Cordes, Weyarn
Umschlagfoto: Eric Bach Superbild, Grünwald
Printed in Germany
ISBN: 3-929626-35-7

INHALT

Ein bisschen Nostalgie: Die Rückkehr zum Kräutergärtchen

Vorbei sind die Hoch-Zeiten der phantasielosen Fertiggerichte, synthetischen Düfte, künstlicher Blumen und Medikamente voller Chemie.

Nach fast einem Jahrhundert der Euphorie über den Fortschritt, in dem nur das galt, was aus den Laboren der Chemiker oder industrieller Großproduktion stammte, ist das Pendel nun zurückgeschlagen. Wir alle haben wieder Sehnsucht nach den "echten" Dingen, wie sie von der Natur vorgesehen sind. Und weil Kräuter seit Jahrhunderten der Inbegriff natürlicher Kräfte sind, beginnen wir wieder damit, uns mit ihrem Wachstum, ihrer Wirkung und ihrer Pflege zu beschäftigen.

Der Anfang ist fast immer völlig unspektakulär. Es beginnt damit, daß wir beim Einkaufen ein paar Töpfe mit Basilikum und Petersilie mitnehmen, weil sie im Geschäft so verlockend frisch aussehen und weil frische Kräuter ja so gesund sein sollen. Und weil sie so gut duften, so hübsch aussehen und nicht zuletzt auch, weil durch ihr Aroma alles viel besser schmeckt, kommen nach und nach immer mehr dazu: Rosmarin und Salbei, Minze, Estragon und Melisse. Begeistert pflanzen wir auch solche Kräuter, die wir in der Küche so gut wie nie verwenden. Dann kommt unweigerlich die Zeit der Ernte. Was tun mit all den Kräutern?

Würzen und Heilen

Dann fällt uns vielleicht wieder ein, daß unsere Großmutter ihre Kräuter keineswegs nur zum Würzen verwendete.

Aus der gleichen Pfefferminze, mit der sie den Lammbraten zubereitete, kochte sie uns dann Pfefferminztee gegen Bauchweh. Zarte grüne Fenchelblättchen kamen in den Salat, die Samen als Gewürz ans Brot - und bei Husten half nichts so gut wie Großmutters Fencheltee mit Honig.

Fast alle Kräuter wurden ursprünglich zum Würzen von Speisen ebenso selbstverständlich (und erfolgreich) verwendet wie zum Heilen. Jahrtausendelang hatten die Menschen ja gar keine anderen Mittel zur Verfügung. Natürlich haben wir heute Alternativen, und es wäre absurd zu glauben, daß Kräuter aus dem Garten den Arztbesuch ersetzen könnten. Aber das Wissen um die heilende Wirkung unserer Gartenkräuter trägt dazu bei, sie uns noch wertvoller zu machen. Wie wäre es, wenn wir uns einen richtigen kleinen Kräutergarten anlegten, so wie früher unsere Großeltern und durch viele Jahrhunderte alle Generationen vor ihnen? Freilich: Der Kräutergarten nach alter Tradition bleibt natürlich für die meisten von uns ein Traum. Für die mühelose Eleganz, mit der in den Klöstern und Schlössern des späten Mittelalters schwierigste geometrische Muster zu grünem Leben erweckt wurden, fehlt es uns meist an Platz und an Erfahrung.

Doch auch schlichte Variationen des klassischen Vorbilds sind überaus reizvoll. Wenn Sie das Glück haben, in einer sonnigen Ecke Ihres Gartens einen kleinen Kräutergarten anlegen zu können, holen Sie sich zunächst einen Stift und ein Stück Papier.

Wichtig für die Planung: Duft und Farbe
Notieren Sie die Form Ihres Gärtchens, die Kräuter, die Sie anbauen möchten, ihre Höhe, ihre Farbe, und wofür Sie sie benötigen.

Zu Form, Material und Farbe kommen als weitere Elemente noch der Duft und der Wechsel der Jahreszeiten! Spielen Sie mit diesen Formen, Farben, Höhen, Düften, bauen Sie Wege, errichten Sie zumindest in Gedanken duftende Kräuterhecken und mittelalterliche Apothekergärtchen voller geheimisvoller Heilkräuter, lassen Sie Ihrer Phantasie freien Lauf.

Vergessen nur eins nicht: Ihr Kräutergärtchen, so klein und vergleichsweise bescheiden es dann in der Realität schließlich auch werden mag, braucht unbedingt den Platz für eine kleine Bank, von der aus Sie das Spiel von Farbe, Duft und Form genießen können.

Wenn Sie dann eines Tages dort sitzen werden, umgeben vom Duft Ihrer Kräuter, die dem Kopf ebenso gut tun wie der Seele, dann beginnen Sie auch zu ahnen, warum Kräuter zu den größten Schätzen zählen, die uns die Erde zu bieten hat.

Dieses Büchlein steht Ihnen bei dieser Entdeckungsreise ein wenig zur Seite.

13

Formen für den Kräutergarten

Vom klassischen Klostergarten bis zum Kräuterkistchen auf der Fensterbank ist alles möglich. Zehn der schönsten Ideen stellen wir Ihnen hier vor.

1. Der klassische Kräutergarten

Die typischen Kräutergärten des Mittelalters bestanden häufig aus einer Vielzahl von quadratischen, meist 1 x 1 m großen Beeten, eines für jede Kräuterart, dazwischen wurden Wege aus Kieseln oder auch aus Ziegelsteinen angelegt, damit man an jedes einzelne Beet mühelos herankommen konnte, ohne dabei versehentlich wertvolle Kräuter zu zertreten.

Oft waren die Beete von niedrigem immergrünem Buchs umsäumt. Und meistens umgab den gesamten Kräutergarten eine Hecke, die die Pflanzen vor Wind und Kälte schützen sollte. Als man begann, größere und prächtigere Wohnsitze zu bauen, wurden auch die Kräutergärten immer komplexer und kunstvoller.

Labyrinthe entstanden und Rondelle, hinduistische Mandalas, indianische Muster und auch ineinander verschlungene Schleifen.

Realistischer und eher auf unsere heutigen Möglichkeiten zurechtgeschnitten sind die folgenden drei Varianten:

2. Kräutergärtlein im Miniformat

Auf einem 1 x 1 m (oder auch 2 x 2 m) großen quadratischen Beet, das im Idealfall von Buchsbäumchen oder einer Lavendelhecke umsäumt und von einem kunstvollen kleinen Weg aus schönen Steinplatten umgeben ist, werden möglichst verschiedenartige Kräuter untergebracht. Natürlich können Sie auch eine rechteckige Form auswählen.

Ob rechteckig oder quadratisch, überschätzen Sie jedoch die Kapazität Ihres Kräuterbeets nicht. Vieles von dem, was als kleines Pflänzchen anfängt, entwickelt sich in sehr kurzer Zeit zu einer kapitalen Staude.

Außerdem müssen Sie darauf achten, daß die höheren Pflanzen an die Nord-Ost-Seite des Beetes gepflanzt werden. Davor kommen dann die etwas niedrigeren, und so geht's weiter: Die kleinsten stehen schließlich bei West und Süd.

So erhalten alle genügend Licht und Sonne. Damit Sie abschätzen können, welche Kräuter wohin kommen, können Sie in der Tabelle die ungefähre Größe nachlesen.

Einjährige Kräuter:

Basilikum	40-50 cm
Bohnenkraut	40-60 cm
Borretsch	40-60 cm
Dill	80-100 cm
Fenchel	80-100 cm
Kamille	40-50 cm
Koriander	40-70 cm
Majoran	30-50 cm
Portulak	30-50 cm

Ausdauernde Kräuter:

Alant	200-350 cm
Beifuß	120-150 cm
Beinwell	80-100 cm
Bohnenkraut	30-40 cm
Engelwurz	150-200 cm
Estragon	80-130 cm
Lavendel	30-50 cm
Melisse	60-100 cm
Pfefferminze	30-80 cm
Rosmarin	60-150 cm
Salbei	40-70 cm
Thymian	30-40 cm

3. Das Kräuter-Schachbrett

Verlegen Sie quadratische Platten im Format 50 x 50 cm so, daß sie zusammen die weißen Felder eines Schachbretts bilden, und bepflanzen Sie die "schwarzen" Felder mit Kräutern, jedes mit einer anderen Sorte.

Von den weißen Feldern aus können Sie jederzeit ganz bequem alle Kräuter erreichen. Und wenn Sie ihnen ein wenig Spielraum gönnen und sie hier und da ein wenig über die Platten hinauswachsen lassen, brauchen Sie auch keine Angst zu haben, daß Ihr Gärtlein zu streng oder zu förmlich ausschaut. Natürlich brauchen Sie nicht das gesamte Schachbrett aufzubauen oder zu pflanzen. In vier bis fünf Reihen mit jeweils 9 Feldern, von denen jedes zweite bepflanzt wird, bringt man schon eine Menge Kräuter unter. Erfahrungsgemäß brauchen Sie nicht mehr, um für jedes Rezept die richtigen Kräuter frisch ernten zu können.

Besonders hübsch sieht es aus, wenn Sie Ihr Kräuter-Schachbrett mit einem Rand aus roten Ziegeln umgeben.

17

4. Das Kräuter-Rad

Das ist die schlichte, aber nicht minder dekorative Variante des klassischen Kräuterrondells. Der äußere Kreis Ihres Rades besteht aus einer niedrigen Hecke aus Lavendel, Ringelblumen oder Buchsbäumen. Die "Speichen" bilden buschige, kompakte Kräuter wie zum Beispiel Thymian, Schnittlauch oder Ysop. Und in den einzelnen Segmenten oder "Tortenstücken" wachsen die niedrigeren Kräuterarten. Im Zentrum des Kreises steht eine besonders attraktive, hochgewachsene Pflanze – vielleicht ein rundgeschnittenes Lorbeerbäumchen. Vergessen Sie aber bitte nicht, daß es im Winter ins Haus muß.

5. Kräuter wie im Bauerngarten

Wenn Ihnen das alles zu steif oder zu förmlich erscheint: Säen und pflanzen Sie Ihre Kräuter einfach dorthin, wo Platz ist. So war es noch im letzten Jahrhundert in den Bauerngärten üblich, und heute wird es in den Bio-Gärten wieder gern nachgeahmt. Gemüse, Kräuter und Blumen wachsen in fröhlicher Eintracht nebeneinander: Lavendel zwischen Rosenbüschen, Borretsch im Blumenbeet, Kapuzinerkresse neben Rosen und Tomaten, Pfefferminze zwischen Karotten und Salat. Was wie ein buntes, leicht chaotisches Durcheinander klingt, ist in Wirklichkeit ein System, das unter dem Begriff Mischkultur bekannt ist. An die Stelle traditioneller Ordungsprinzipien treten jahrhundertealte Erfahrungen damit, welche Pflanzen, gleichgültig welcher Familie sie angehören, einander ergänzen, sich gegenseitig fördern, beziehungsweise welche sich nicht riechen können. Das gibt's nämlich durchaus. Auch in dieser Beziehung verhalten sich Pflanzen erstaunlich menschlich.

Allerdings setzt ein ländlicher Kräuter-, Blumen- und Gemüsegarten eine gewisse Erfahrung im Umgang mit der Mischkultur voraus. Typische Bauerngartenkräuter wie Eberraute und Ysop, die willkürlich zwischen Blumen in die Erde gesetzt werden, machen noch lange keinen Bauerngarten.

*Buchs schützt die Kräuter vor Wind
und Kälte (oben). Kräuter waren
immer schon in Kloster- (rechts) und
Bauerngärten (unten) zu Hause.*

19

6. Kräuter im Gemüsebeet

Das ist natürlich kein besonders origineller Vorschlag. Kräuter haben seit eh und je ihren festen Platz im Gemüsebeet. Allerdings verträgt sich längst nicht jeder mit jedem: Zwar sind Kräuter sogenannte Schwachzehrer und deshalb in der Wahl ihrer Nachbarn nicht so heikel wie manche Gemüsesorten, die vor Zorn ganz krank werden, wenn sie neben dem falschen Nachbarn stehen müssen. Aber einige besonders stark ausgeprägte Antipathien gibt es auch bei ihnen:

Schlechte Nachbarn:
Fenchel und Kümmel
Fenchel und Koriander
Petersilie und Salat
Petersilie und Kohlrabi
Salbei und Sellerie
Beifuß, Liebstöckel und Wermut vertragen sich mit so gut wie niemandem.

7. Kräuter kreuz und quer im Garten

Auch ohne die tieferen Geheimnisse der Mischkultur zu kennen, können Sie mit einigem Erfolg Ihre Kräuter kreuz und quer im Garten aussäen. Im Steingarten gedeihen Lavendel, ausdauerndes Bohnenkraut und Majoran, Thymian, Rosmarin und Zitronenmelisse. Sie fühlen sich dort in dem heimatlichen steinigen, trockenen Ambiente oft wohler als in einem klassischen Kräuterbeet und sehen zwischen den Steingartenpflanzen sehr hübsch aus. Am Gartenteich wachsen Pfefferminze und Brunnenkresse. Borretsch mit seinen strahlend blauen Blüten steht neben der Kamille im Blumenbeet, Lavendel oder Salbei inmitten der Rosenbüsche, und Schnittlauch und Petersilie bilden den Rand einer Blumenrabatte. Allerdings müssen Sie darauf achten, daß die Kräuter in der Größe zu den übrigen Pflanzen passen. Sie sollten weder darin untergehen noch den anderen das Licht wegnehmen. Küchenkräuter, die Sie am häufigsten brauchen (wie Schnittlauch, Petersilie, Basilikum etc.), sollten möglichst nahe beim Haus wachsen. Sie sollten gut erreichbar sein, damit Sie nicht jedesmal eine Suchaktion starten müssen, wenn Sie Ihren

Salat würzen möchten. Es ist keine schlechte Idee, die klassischen niedrigwachsenden Küchenkräuter als eine Art Randbepflanzung ganz vorn ans Blumenbeet zu setzen. Dicke Büschel von Petersilie, Schnittlauch und dem niedrigwachsenden Majoran sehen sehr hübsch als Bordüre aus. Weniger nützlich für die Küche, aber wunderbar duftend und vor allem zur Zeit der Blüte strahlend schön ist eine in Form geschnittene niedrige Hecke aus silberfarbenem Lavendel.

8. Kräuter im Hügelbeet

Ein Hügel- oder Hochbeet ist vor allem dann nützlich, wenn Ihr Boden für die wärmeliebenden Kräuter zu schwer, zu kalt und zu naß ist. Auch sonst bietet es eine Reihe von Vorteilen:

• Die Drainage funktioniert besser.

• Durch das Aufschütten des Hügels wird die Anbaufläche vergrößert, weil man auch die schräg verlaufenden Seiten bepflanzen kann.

• Man kann früher pflanzen, weil der Boden im Frühling schneller austrocknet und sich früher erwärmt.

• Im Herbst kann man länger ernten, weil in dem erhöhten Boden die Wärme länger erhalten bleibt.

• Jäten entfällt fast völlig. Die eng beieinanderstehenden Pflanzen lassen dem Unkraut kaum Platz.

• Die eng beieinanderstehenden Pflanzen wirken wie eine Mulchdecke. Sie spenden dem Boden Schatten und halten ihn kühl und feucht.

• Niemand tritt versehentlich auf die Pflänzchen.

Allerdings ist die Anlage eines Hügelbeets eine ziemlich langwierige und mühsame Angelegenheit:
Zuerst wird ein flacher Graben ausgehoben und ungefähr 50 cm hoch mit groben Zweigen, Laub, Reisig, Küchen- und Gartenabfällen und Grassoden gefüllt. Darauf kommt eine Schicht Rasenschnitt und Laub, ebenfalls insgesamt etwa 50 cm hoch.

21

Kräuter im Gemüsebeet (oben links), Kräuter im Hochbeet (oben Mitte) oder Kräuter im Garten als Kräuterschnecke (oben rechts), überall passen als Einrahmung und Abgrenzung Natursteine: Treppenförmig (unten links) mit Pflastersteinen gefestigtes Hochbeet (unten rechts).

23

Schließlich folgen eine Lage Rohkompost und als letztes Humus, jeweils etwa 15 cm hoch. Am günstigsten ist es, wenn Sie das Hügelbeet im Herbst anlegen. Dann haben Sie genügend "Baumaterial" zur Verfügung (Laub, Zweige etc.), und das Beet hat bis zum Frühling Zeit, sich so weit zu setzen, daß Sie mit dem Bepflanzen beginnen können. Wenn Ihnen das zu kompliziert erscheint, können Sie mit wesentlich weniger Aufwand ein erhöhtes Kräuterbeet – ein sogenanntes Kastenbeet – anlegen und befinden sich dabei noch in bester Gesellschaft. "Kastenbeete" hatten nämlich auch in den mittelalterlichen Kräutergärten Tradition.

Aus 40 cm hohen, kesseldruckimprägnierten Holzbrettern – oder, wenn Ihnen das besser gefällt, aus Ziegelsteinen – bauen Sie einen 1 x 2 m großen Rahmen. Bedecken Sie den Boden mit einer Dränageschicht aus Kies oder Sand, darauf kommt eine Mischung aus Gartenerde, Sand und etwas Kompost. Dann warten Sie ein paar Wochen, bis sich die Erde gesetzt hat, und fertig ist das Hochbeet.

9. Kräutergarten im Container

Das ist eine praktische Lösung, wenn Boden, Klima oder Gartengröße gegen einen echten Kräutergarten sprechen. Pflanzen Sie Ihre Kräuter in Töpfe und Container. Das müssen keineswegs immer die ebenso dekorativen wie kostspieligen Terracotta-Gefäße sein. Es ist Ihren Pflanzen völlig gleichgültig, ob sie in einer

> **TIP**
> *Binsenweisheit aber wichtig für Ihre Kräuter:*
> *Im Container trocknet die Erde viel schneller aus. Sie müssen immer reichlich gießen, an heißen Tagen sogar morgens und abends.*

Apfelsinenkiste, in einem ausrangierten Wäschekorb (mit gelochter Folie ausgelegt), in einem alten Zinkeimer oder in einem halbierten Eichenfaß untergebracht werden. Ob Ihre Container aus Kunststoff, Ton, Eternit oder Edelholz sind, ist Nebensache. Unter dem Aspekt der Ästhetik, der Haltbarkeit und der Rentabilität mögen das wesentliche Punkte sein. Für die Pflanze

dagegen ist jeder Topf, jeder Kübel, sogar jede ausrangierte Blechdose recht, Hauptsache, sie hat darin:

• *viel Platz;*

• *viel gute, nährstoffreiche Erde;*

• *ausreichend Feuchtigkeit, jedoch ohne das Risiko, in ihrem eigenen Topf zu ertrinken. Eine gute Drainage ist hier besonders wichtig.*

Sorgen Sie also für große Behälter, die im Boden oder an der Seite Löcher haben, durch die überschüssiges Gießwasser abfließen kann. Die meisten Kräuter hassen nasse Füße. Hat Ihr Kasten oder Container kein Loch und läßt sich auch keines bohren (etwa in Eternitkästen oder in den schönen alten Steinguttöpfen, die Sie noch von Ihrer Großmutter haben), bauen Sie eine Drainageschicht aus einigen Zentimetern Kies oder Hydrogranulat ein. Bedecken Sie sie mit einem Abdeckvlies und füllen Sie erst dann den Behälter mit Erde. Die allerdings muß von guter Qualität sein. Denn auch die beste Drainageschicht nützt der Pflanze nichts, wenn die Erde darüber zu nährstoffarm ist.

Die folgende Mischung hat sich bewährt:

4 Teile Gartenerde;

1 Teil Kompost;

1 Teil Sand;

1 großzügige Portion Knochenmehl.

Beim Füllen Ihrer Töpfe, Körbe und Container müssen Sie auf folgende Dinge achten. Pflanzen Sie nur solche Kräuter in einen Container, die die gleichen Ansprüche an Erde und Standort haben. Die meisten sind zwar mit normaler Blumenerde recht zufrieden, aber einige Kräuter der wärmeliebenden Südländer hätten es gern etwas magerer, sandiger und insgesamt auch ein wenig kalkreicher. Diese Schonkost – mit viel Sand und ein wenig gut verrottetem Kompost vermischte Normalerde – bekommen:

Anis

Basilikum

Lavendel

Majoran

Mauerpfeffer

Oregano

Pimpinelle

Rosmarin

Salbei

Thymian

Ysop

25

*Gute Alternative zum Kräuterbeet:
Ein Kräutergärtchen im Container
(oben).*

*Viele Küchenkräuter gedeihen ohne
Schwierigkeiten auf der Fensterbank
(rechts oben und unten).*

26

Die Größe der Gefäße ist wichtig

Verschiedene Pflanzen brauchen unterschiedlich große Gefäße. Estragon, Liebstökkel (bitte in einen Extratopf, er duldet keine Nachbarn), Melisse, Rosmarin und Salbei wollen möglichst viel Erde unter den Wurzeln haben. Für sie kann der Topf gar nicht groß genug sein. Basilikum, Bohnenkraut, Kerbel, Kresse, Majoran, Oregano und Thymian sind mit 15 cm tiefen Gefäßen zufrieden. Mindestens 20-25 cm tiefe Töpfe brauchen Borretsch, Dill, Fenchel, Koriander, Lavendel, Minze, Petersilie und Schnittlauch.

10. Kräuter auf der Fensterbank

Kräuter auf der Fensterbank sind eine brauchbare Lösung für die kalte Jahreszeit – und ganzjährig eine Alternative für alle diejenigen, die keinen Garten haben und trotzdem frische Kräuter ernten möchten. Viele Kräutersorten kann man problemlos als unkomplizierte, attraktive und duftende Zimmerpflanzen verwenden.

> **TIP**
> Wenn Sie Ihre Kräuter in Hängeampeln züchten möchten – warum nicht? Diese besonders hübsche Idee kommt aus England: Einfache Drahtkörbe mit Moos ausgekleidet und mit Erde gefüllt, machen es möglich, daß man sie nicht nur oben, sondern auch seitlich bepflanzen kann. Schieben Sie die Wurzeln vorsichtig von außen zuerst durch das Drahtgitter, dann durch die Moosschicht und schließlich in die Erde Dann beginnen Sie mit der nächsten Lage Moos, Erde und neuen Kräutern- so lange, bis die Seiten vollständig bepflanzt sind. Zum Schluß wird die oberste Erdschicht bepflanzt – mit den Pflanzen nach oben! Lassen Sie zwischen den Pflanzen jeweils 10-15 cm Abstand. Hängen Sie den Korb an einem festen Haken auf und gießen Sie gründlich.

Einjährige Pflanzen wie Basilikum und Bohnenkraut kann man auf der Fensterbank auch in den Jahreszeiten ernten, in denen sie draußen keine Überlebenschancen haben.

Kräuter, die im Zimmer leben, brauchen viel Licht und Sonne. Süd- und Südwestfenster sind meistens ideal. Allerdings vertragen nicht alle Pflanzen volle Sonne: Die Minze zum Beispiel hat es zwar gern hell, liebt aber den Halbschatten. Dem Thymian dagegen kann es gar nicht sonnig genug sein. Keine Kräuterart liebt plötzliche Temperaturschwankungen. Am wohlsten fühlen sich alle bei

Standort

Problemlos im Haus zu halten sind:
Basilikum
Kerbel
Kresse
Majoran
Melisse
Petersilie
Schnittlauch

Draußen oder drinnen, im Winter aber kühl und hell:
Lorbeer
Rosmarin
Thymian

Winterhart, für draußen oder drinnen:
Bergbohnenkraut
Lavendel
Salbei
Ysop
Weinraute

Temperaturen zwischen 10 und 16 °C. Drehen Sie Ihre Kräutertöpfchen jeden Tag um 45°. Die Pflanzen wachsen gleichmäßiger, wenn sie sich nicht den Hals verrenken müssen, um ans Licht zu kommen.

Die Pflege von Kräutern im Zimmer ist nicht anders als draußen. Manche überleben zwar auch einen Winter im Freien, wenn Sie jedoch hier und da ein wenig ernten wollen, müssen Sie sie in einem kühlen, hellen Raum überwintern lassen. Ernten Sie bitte sparsam; für Kräuter herrscht im Winter Schonzeit.

Auch größere Kräuterarten wie Borretsch, Salbei, Rosmarin, Zitronenmelisse, Minze, Estragon und Fenchel können Sie drinnen in Töpfen halten. Sie werden dann nicht ganz so groß wie im Freien. Pflanzen Sie Minze, Estragon und Zitronenmelisse aber nicht in einen Topf mit anderen Kräutern: Ihre Wurzeln würden im Nu die gesamte Nachbarschaft überrollen. Wenn Sie sie unbedingt gemeinsam mit anderen in den Balkonkasten pflanzen möchten, so tun Sie das – aber lassen Sie sie im Topf.

29

DIE AUSWAHL DER KRÄUTER

Mindestens genauso wichtig wie das Problem, wohin mit den Kräutern, ist die Frage: Welche hätten Sie denn gern?

In der langen Geschichte des Kräuteranbaus gibt es vermutlich kaum eine Kombination, die nicht schon einmal von erfindungsreichen Kräuterfreunden ausprobiert worden ist.

Vom Kräuter-ABC (in echte Schwierigkeiten kommen Sie übrigens nur beim X) über die Kräuter-Bibel (alle Kräuter, die in der Bibel erwähnt wurden) bis zu den Werken von Shakespeare gibt es fast nichts, was es nicht gibt.

Wir beschränken uns hier auf einige etwas realistischere Anregungen wie *Küchenkräuter, Duftkräuter, Kräutertee-Pflanzen, Heilkräuter.*

Küchenkräuter

Eine klare Trennung zwischen Küchenkräutern und Heilkräutern gab es ursprünglich gar nicht.
Die meisten Kräuter wurden zum Würzen ebenso wie zum Heilen verwendet. Doch mittlerweile sind eine ganze Reihe von Kräutern in die Küche abgedrängt worden, und ihre Funktion als Heilmittel ist in den Hintergrund geraten.

Die Favoriten unter den Küchenkräutern sind:

- Basilikum
  einjährig, braucht viel Sonne und Wärme
- Bohnenkraut
  einjährig, vertreibt Läuse
- Borretsch
  einjährig, braucht viel Wasser
- Dill
  einjährig, mag keinen Dünger
- Estragon
  mehrjährig, mag gern Dünger
- Fenchel
  mehrjährig, mag keinen Koriander
- Kerbel
  einjährig, vertreibt Ameisen
- Koriander
  mag keinen Fenchel und keinen Regen
- Kresse
  mehrjährig, häufig aussäen, sehr kurze Keimzeit
- Lavendel
  mehrjährig, nach der Blüte zurückschneiden
- Liebstöckel
  mehrjährig, Einzelgänger, braucht Extratopf
- Majoran
  einjährig, sparsam gießen
- Minze
  mehrjährig, oft gießen
- Oregano
  mehrjährig, im Frühling zurückschneiden

- Petersilie
  zweijährig, schwer zu säen
- Rosmarin
  mehrjährig, intensiver Duft
- Salbei
  mehrjährig, blaue Blüten
- Schnittlauch
  mehrjährig, darf nicht zum Blühen kommen
- Thymian
  mehrjährig, wenig gießen, kaum düngen
- Zitronenmelisse
  mehrjährig, intensiver Duft

Diese zwanzig Kräuter sind alle leicht zu ziehen. Etwas schwieriger ist es dagegen, sie ganzjährig zur Verfügung zu haben. Ideal wäre es, sie alle in einem Beet unterzubringen. Leider lieben Borretsch, Petersilie und Minze feuchten Boden, während Lavendel, Oregano, Thymian, Salbei und Rosmarin einen trockenen, sonnigen Standort und sandigen Boden bevorzugen. Dill mag keinen Dünger, Estragon dagegen schätzt ihn sehr. Mit der Zeit werden Sie ein Gefühl dafür entwickeln, unter welchen Bedingungen sich die verschiedenen Kräuter am wohlsten fühlen. Bis dahin sollten Sie den Weg des geringsten Widerstands gehen: Mit einem eher mageren als nährstoffreichen Boden und einem Platz an der Sonne können Sie zumindest nicht viel falsch machen, auch wenn einige "Vielfraße" unter Ihren Pflanzen aus Protest ein wenig kleiner bleiben als normal. Minze und Liebstöckl bringen Sie nach Möglichkeit separat unter. Minze kommt am besten in einen Topf, weil sie sonst in kürzester Zeit mit ihren Wurzeln den gesamten Garten unterwandert. Wenn Sie den Topf im Februar ins Haus bringen, haben Sie vier Wochen später frische junge Minze zum Lammbraten.

TIP

Einer alten Regel zufolge soll man für ein Gericht "nie weniger als drei und nie mehr als neun" Kräuter verwenden.

Am besten Sie säen oder pflanzen von Ihren Lieblingskräutern einen reichlichen Vorrat. Gerupfte Kräuter schauen so bemitleidenswert aus. Petersilie muß zweimal jährlich ausgesät werden – im April und im August –, damit der Bedarf fürs ganze Jahr gesichert ist. Wenn der Win-

33

ter nicht allzu streng ist, können Sie Petersilie sogar unterm Schnee pflücken. Majoran und Schnittlauch sterben im Winter ab, kommen jedoch im nächsten Frühjahr wieder. Thymian und Salbei sind winterhart, jedoch müssen nach ein paar Jahren die alten Pflanzen durch neue ersetzt werden. Rosmarin und Thymian sollten im Hause überwintern. Am besten, Sie pflanzen sie mitsamt ihrem Topf ins Kräuterbeet.

Voraussetzung für eine derart reiche Ernte wie auf dem Foto rechts oben ist ein gut geplantes Kräuterbeet (unten links). Tees aus selbstgezogenen Kräutern schmecken mindestens genausogut wie die vom Kräuterstand (unten Mitte).

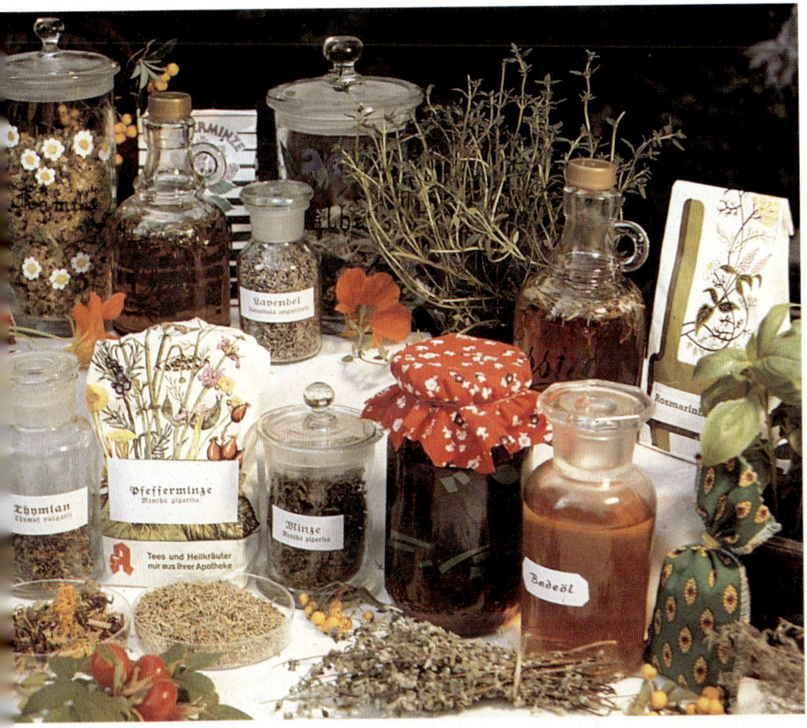
Lavendel
Pfefferminze
Thymian
Minze
Badeöl
Tees und Heilkräuter
nur aus Ihrer Apotheke

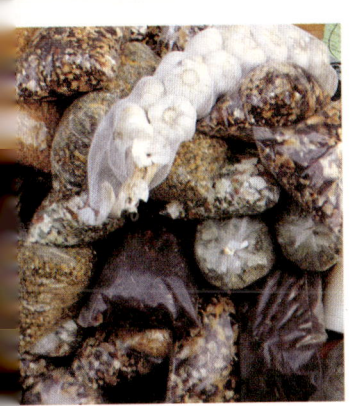

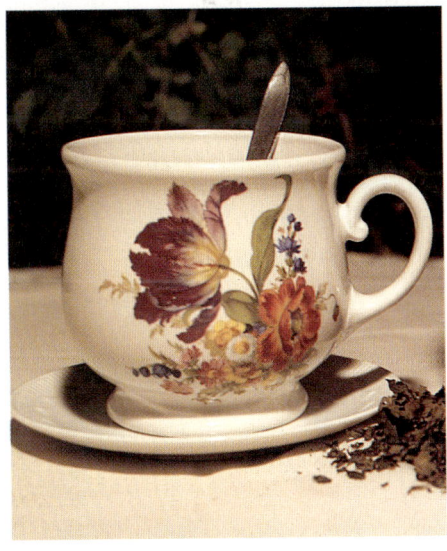

Duftgarten

Fast alle Kräuter duften. Einen besonders intensiv duftenden Garten haben Sie, wenn Sie die folgenden Kräuter zusammen mit starkriechenden Blumen wie mit Rosen, Lilien, Geißblatt und Jasmin pflanzen:

Anis
Basilikum
Engelswurz
Fenchel
Indianernessel
Lavendel
Minze
Poleiminze
Rosmarin
Weinraute
Ysop
Zitronenmelisse

Kräutertee-Garten

Kräutertees werden seit Jahrhunderten getrunken – zur Erfrischung ebenso wie gegen allerlei Wehwehchen. Am besten schmecken und wirken sie von selbstgezogenen Kräutern. Bei frischen Kräutern rechnet man pro Tasse drei Teelöffel, bei getrockneten einen (und einen für die Kanne). Der Tee wird wie gewöhnlich zubereitet und muß fünf bis sechs Minuten ziehen. Für Tees aus Samen (Fenchel, Dill etc.) wird der Samen zuerst in einem Mörser zerstoßen und dann fünf Minuten lang in Wasser auf kleiner Flamme gekocht.

Die bekanntesten Kräutertees gewinnt man aus:
Basilikum
Bergamot
Borretsch
Engelswurz
Indianernessel
Liebstöckl
Kamille
Petersilie
Pfefferminze
Salbei
Thymian
Wermut
Ysop
Zitronenmelisse

Heilkunde mit Kräutern

Lange Zeit wurden die einzig verfügbaren Medikamente aus Kräutern gewonnen. Trotz des Siegeszugs der Pharmaindustrie sind Heilpflanzen nie völlig aus der Medizin verschwunden. In den letzten Jahren gewinnen sie sogar zunehmend wieder an Bedeutung. Natürlich können selbstgezogene Heilkräuter keinen Arzt ersetzen. Aber gelegentlich (keinesfalls ständig) bei kleinen Alltagsbeschwerden – Schnittwunden, einer leichten Erkältung oder einem verdorbenen Magen – in Form von Tees, Aufgüssen oder Spülungen angewendet, leisten sie gute Dienste. Hier ein paar Anregungen:

Man nimmt als Tee, Öl, Salbe oder Badezusatz:

- Baldrian:
zur Beruhigung
- Fenchel:
gegen Erkältungen, Blähungen und Magenschmerzen
- Kamille:
bei Bauchweh, Erkältungen, zur Wundheilung
- Kümmel:
bei Magenschmerzen und Menstruationsbeschwerden
- Knoblauch:
zur allgemeinen Kräftigung
- Lavendel:
gegen Nervosität
- Oregano:
bei Durchfall und Halsweh
- Ringelblume:
zur Heilung von Verletzungen
- Salbei:
bei Halsweh und Zahnschmerzen
- Rosmarin:
zur allgemeinen Stärkung
- Thymian:
Bei Erkältungen und Husten

Liebeskräuter
Vielleicht nicht unbedingt ein realistisches Projekt: Aber wenn Sie in einer Ecke Ihres Gartens heimlich die Kräuter anbauen wollen, aus denen in früheren Zeiten die Liebestränke gebraut wurden, sollten Sie sich nach den folgenden Pflanzen umsehen:
Basilikum
Koriander
Kardamom
Knoblauch
Kümmel
Sellerie
Senf

Falls Sie ein Rezept brauchen:
"Vermische Zimt, Knoblauch und Koriander in einem großen Gefäß, bete darüber siebenmal die Sure "Yasin" aus dem Koran (rückwärts bitte) und fülle das Gefäß mit Rosenwasser. Tauche ein Hemd des treulosen Ehemannes hinein und einen Zettel, auf dem in allen vier Ecken der Name des Treulosen steht, und setze den Topf aufs Feuer. Wenn es zu Kochen beginnt, ist der Ehemann schon auf dem Weg nach Hause."
Dieses Rezept stammt aus dem alten Persien, Abdruck ohne Gewähr.

37

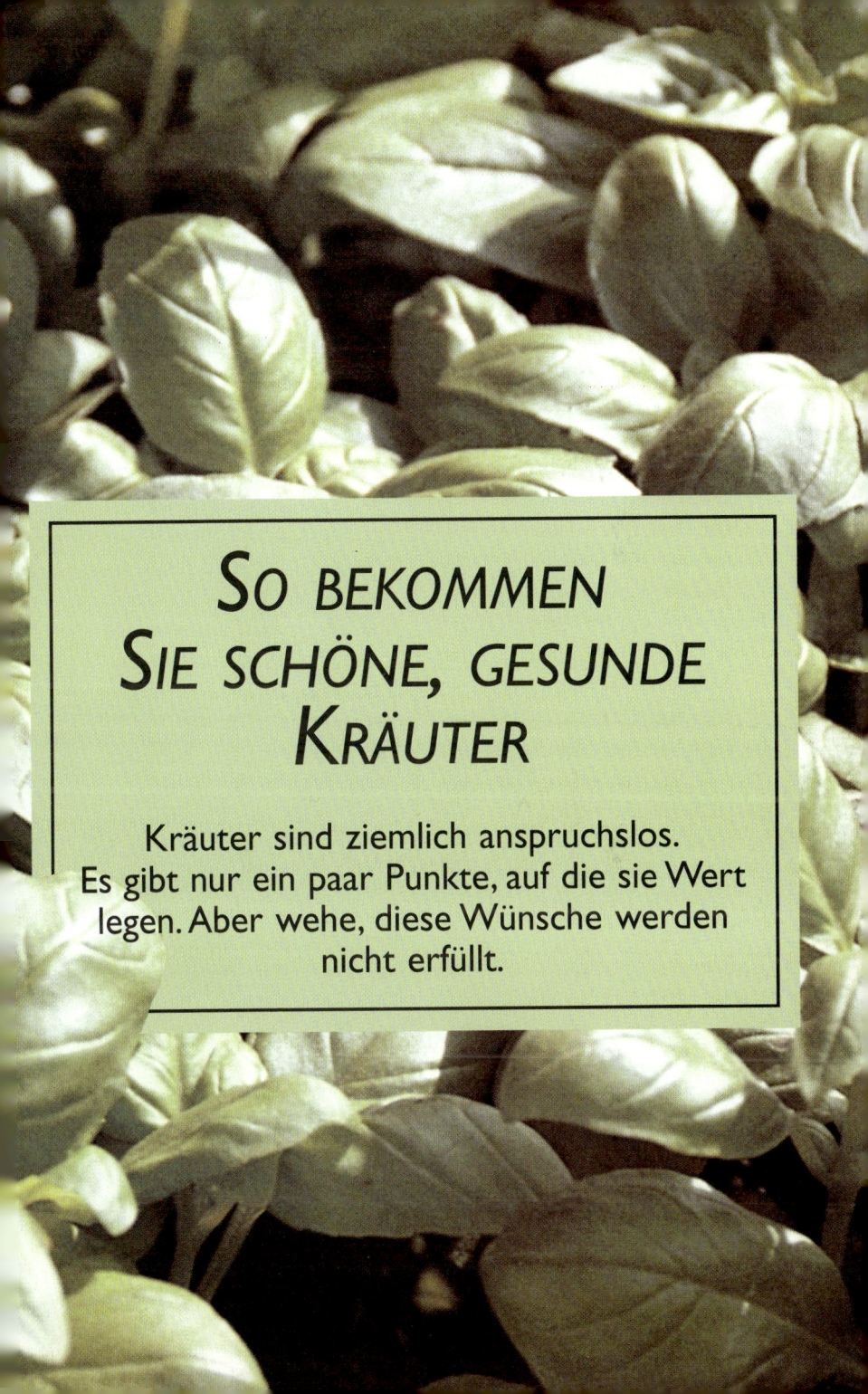

So bekommen Sie schöne, gesunde Kräuter

Kräuter sind ziemlich anspruchslos.
Es gibt nur ein paar Punkte, auf die sie Wert
legen. Aber wehe, diese Wünsche werden
nicht erfüllt.

Erster Wunsch: Der Standort muß stimmen

Die meisten Kräuterarten stammen aus südlichen Ländern. Das bedeutet, daß sie viel Sonne brauchen, während die Erde eine untergeordnete Rolle spielt. Nur dann können sie ihr volles Aroma entwickeln. Deshalb ist ein windgeschützter Platz, nach Süden gerichtet, der beste Ort fürs Kräuterbeet. Aber selbst die Kräuter wissen, daß es sich dabei um eine Maximalforderung handelt. Deshalb geben sie sich notfalls auch mit der Aussicht auf fünf Stunden Sonne pro Tag zufrieden. Darunter jedoch geht nichts.

Diese Kräuter vertragen auch Halbschatten:
Andorn
Beinwell
Borretsch
Engelswurz
Frauenmantel
Indianernessel
Liebstöckl
Minze
Schnittlauch
Waldmeister
Wermut
Ysop

Zweiter Wunsch: Leichte Kost, aber bitte nicht zu fett

Einen sandiger, humoser Boden, der gern ein wenig Kalk enthalten darf, ist den meisten Kräutern recht. Der pH-Wert sollte zwischen 6,0 und 7,5 liegen. Wenn Sie den Kalkgehalt Ihres Bodens nicht kennen, können Sie den pH-Wert mit einem Do-it yourself-Test in wenigen Minuten selbst ermitteln. Wenn der Wert zu niedrig ausfällt, müssen Sie Ihren Boden aufkalken. Die Dosierung ist in dem Testpaket angegeben. Böden, die zu viel Kalk enthalten, kommen in der Natur eher selten vor. Allzu schwere Lehmböden können mit Sand, Torf und Kompost leichter gemacht werden. Zu sandige, nährstoffarme Böden werden mit Kompost und organischem Dünger wie Horn-, Blut- und Knochenmehl angereichert. Tun Sie aber nicht zuviel des Guten: Magere Böden sind für die meisten Kräuter gesünder als zu nährstoff-reiche. Frischen Mist und Kunstdünger können sie nicht vertragen. Ausgereifter Kompost dagegen, in Maßen genossen, ist eine Delikatesse. Er darf allerdings nur leicht eingeharkt werden, gerade so viel, daß die Erde damit in Berührung kommt. Im Herbst freuen sich alle Gewürzstauden vor dem langen Winter über eine Extraportion Kompost, rund um die Sträucher verteilt. Zusätzlicher Dünger ist in der Regel nicht notwendig und meist nicht einmal erwünscht.

Ein wenig anders sieht die Sache allerdings aus, wenn Sie Ihre Kräuter in Containern ziehen. Da dürfen Sie auf keinen Fall knauserig mit der Erde sein.

Viele Kräuterfreunde kaufen zwar edelste Cotto-Gefäße. Da ist ihnen das beste und das schönste gerade gut genug. Aber bei der Erde fangen sie an zu sparen. Da nehmen sie die fünfzig Liter zum Billigpreis, die fast zu hundert Prozent aus nährstoffarmem Torf bestehen, und machen sich keine Gedanken darüber, daß Torf der Heimatboden für Moorpflanzen ist – und das sind unsere Kräuter nun mal nicht. In der sauren Moorerde fühlen sich nicht nur Kräu-

ter, sondern auch die meisten anderen Pflanzen, mal abgesehen von Azaleen, Rhododendren und Hortensien, äußerst unwohl. Folge: Sie werden schwach und eine leichte Beute für Schädlinge und Krankheitserreger aller Art.

TIP
Rezept für selbstgemachte Erde

Wenn Sie mögen, können Sie sich aus gekaufter Erde auch Ihre eigene Spezialmischung zusammenstellen. So geht's:
7 Teile Gartenerde,
3 Teile Torf,
2 Teile scharfer Sand,
dazu geben Sie eine Portion organischen Dünger wie Horn- und Knochenmehl und vermischen alles gründlich miteinander. Mit dieser Erde dürften alle Ihre Kräuter einverstanden sein.

Die beste Erde ist für Ihre Containerkräuter gerade gut genug. Je naturähnlicher die Erde, desto schöner, gesünder und kräftiger die Pflanzen. Lassen Sie also das Billigangebot beim Supermarkt links liegen und fahren Sie in eine Gärtnerei oder in eine Samenhandlung. Dort gibt es die sogenannte Einheitserde, die für fast alle Pflanzen gleich gut geeignet ist, auch für Kräuter. Sie besteht aus angereichertem Humus und/oder Torf und enthält zusätzlich wachstumsfördernde Substanzen. Für – je nach Preis – unterschiedliche Typen gibt es unterschiedliche Düngezusätze, entweder für mehrere Wochen oder sogar für die gesamte Saison. Lassen Sie sich vom Fachmann erklären, was die Abkürzungen auf dem Sack bedeuten.

Dritter Wunsch: Keine nassen Füsse bitte

Kräuter lieben einen durchlässigen Boden. Wenn der gewählte Platz wasserundurchlässig ist, gibt's Probleme. Dann haben Sie zwei Möglichkeiten: Entweder Sie bauen eine Drainageschicht in Ihren Boden ein, oder aber Sie ziehen Ihre Kräuter in Containern oder in einem Kastenbeet (siehe Seite 21). Für eine Drainageschicht müssen Sie in Ihrem Beet die Erde 30 cm tief ausheben und die oberste Humusschicht auf einen Extrahaufen schichten. Bedekken Sie den Boden des Grabens mit einer 8-10 cm hohen

Wenn Samen und Erde von guter Qualität sind, lassen sich die meisten einjährigen und auch viele mehrjährige Kräuter problemlos aussäen. Die Mischung auf dem Foto rechts ist ideal!

> **TIP**
> *Wenn Sie nicht genau wissen, ob Ihr Boden wasser- durchlässig ist oder nicht, können Sie diesen Test machen: Graben Sie ein etwa 30 x 30 cm tiefes Loch und füllen Sie es mit Wasser. Wenn das Wasser nach einer Stunde noch nicht abgelaufen ist, müssen Sie eine Dränageschicht einbauen.*

Kiesschicht, füllen Sie die Erde und zum Schluß den Humus wieder ein.

SÄEN UND PFLANZEN

Alle einjährigen und zweijäh- rigen Kräuter und auch die meisten ausdauernden kön- nen Sie selbst aussäen. Sie sollten es zumindest bei den problemlosen Sorten einmal versuchen.

Wichtig ist es, beim Samen- kauf darauf zu achten, daß die Samen garantiert keimfähig sind. Achten Sie auf das Ver- fallsdatum, das auf den Sa- mentütchen aufgedruckt ist. Und seien Sie verschwende- risch: Kaufen Sie nur die be- sten Samen! Es ist so frustrie- rend, wenn Sie nach all der Arbeit, die Sie sich gemacht haben, feststellen müssen, daß

43

der Samen nicht aufgeht. Wenn Sie es sich einfach machen wollen, kaufen Sie am besten "pillierte" Samen. Dabei sind die meist winzigen Samenkörnchen mit einer gelartigen Masse umgeben, die sich später in der Erde auflöst. Diese Körnchen kann man gleich im richtigen Abstand in die Erde legen. Man spart sich also später das Vereinzeln der zu dicht stehenden Pflänzchen. Bequem sind auch Samenteppiche oder Saatbänder, die einfach nur in die vorbereitete Erde ausgelegt werden müssen. Es gibt sogar spezielle Küchenkräuter-Saatbänder, die eine ganze Palette von Kräutern enthalten: z.B. Basilikum und Bohnenkraut, Kerbel, Schnittlauch, Dill, Petersilie und Majoran.

So säen Sie richtig:
Aussaat im Freien

Petersilie, Kresse und Kerbel sind ziemlich kälteunempfindlich. Sie können schon Ende März oder Anfang April mit der Aussaat beginnen. Ende April ist die Erde meist warm genug für Borretsch, Kümmel, Dill und Ringelblumen.

Es lohnt sich aber in jedem Fall, so lange zu warten, bis der Boden sich schon ein wenig erwärmt hat. In nasser, schwerer Erde keimen auch die unempfindlichsten Samenkörnchen nicht. Majoran, Bohnenkraut, Portulak und Schnittsellerie kommen erst nach den Eisheiligen in die Erde.

Harken Sie Ihr Beet noch einmal gründlich durch, so daß die Erde ganz fein gekrümelt ist. Zupfen Sie eventuell vorhandenes Unkraut aus und ziehen Sie mit dem Stock Ihrer Harke flache Rillen in das Beet. Wie flach und in welchem Abstand die verschiedenen Sorten gesät werden, steht jeweils auf den Samentütchen. Als Faustregel kann gelten, daß die Samenkörnchen nur hauchdünn mit Erde bedeckt sein dürfen. Je feiner der Samen, desto dünner die Erdschicht. Säen Sie nicht zu dicht. Drücken Sie die Saat ganz leicht mit den Händen an und besprühen Sie sie vorsichtig mit Wasser. Der Boden darf feucht, aber keinesfalls naß sein.

Samen kann nur in einem feuchtwarmen Klima keimen. Deshalb müssen Sie Ihr Saatbeet während der Keimzeit immer feucht halten. Entweder Sie gießen wirklich regelmäßig, oder Sie legen in den ersten Tagen einen feuchten Sack oder eine sogenannte mitwachsende geschlitzte Folie über die Saat. Wenn sich die ersten Keimblätter zeigen, können Sie die Schutzschicht natürlich entfernen.

Aussaat im Topf

Für einige der besonders empfindlichen Kräutersorten reichen unsere Frühlingstemperaturen einfach nicht aus. Basilikum, Lavendel, Thymian und Salbei gedeihen nur, wenn sie auf der Fensterbank (oder, wenn Sie eins haben, im Frühbeet) vorgezogen werden. Majoran geht zwar draußen auf, wenn man ihn spät genug aussät, aber wohler fühlt er sich auch im warmen Zimmer. Säen Sie den Samen etwa ab Mitte April in Töpfchen mit spezieller Anzuchterde aus. Oder verwenden Sie eine Mischung aus Sand und etwas Torf – kräftigere Nahrung könnten die jungen Pflänzchen nicht verdauen. Feuchten Sie die Erde zuvor ein

wenig an und stülpen Sie über die Töpfchen eine Plastikhaube (zum Beispiel einen Gefrierbeutel). Je feuchter und wärmer die Umgebung, desto besser keimen die Samen. Wenn sich das erste Grün zeigt, entfernen Sie die Plastikhaube. In den nächsten Wochen brauchen die zarten Pflänzchen viel Licht und frische Luft. Öffnen Sie bei warmem Wetter das Fenster und drehen Sie die Töpfchen jeden Tag ein wenig, damit die Pflanzen von allen Seiten gleich viel Licht bekommen. Achten Sie darauf, daß die Pflänzchen nicht zu dicht stehen. Wenn's zu eng im Topf wird, pflanzen Sie entweder einen Teil in einen anderen Topf oder Sie vereinzeln sie: Lassen Sie, auch wenn's weh tut, nur die stärksten stehen. Je mehr Platz sie haben, desto kräftiger werden sie.

Keine Lust zum Säen?
Ab Mai darf gepflanzt werden

Wenn Ihnen das Säen zu mühsam ist: Ab Ende April gibt es fast alle Kräuter als vorgezogene Jungpflanzen in einer Gärtnerei oder auf dem

45

Etwa so viele Pflanzen brauchen Sie für eine vierköpfige Familie:

Basilikum: 2-3 (vereinzeln)
Beifuß: 1
Bergbohnenkraut: 2-3
Brunnenkresse: 1-2 (wuchert)
Dill: 2-3
Estragon: 2
Kamille: 10-15
Knoblauch: 20-30 Zehen
Kümmel: 3
Lavendel: 2-3
Liebstöckl: 1
Meerrettich: 5-10
Pfefferminze: 1-2 (wuchert sehr)
Pimpinelle: 2
Rosmarin: 1
Salbei: 1-2
Schnittlauch: 5-10
Thymian: 2-3
Tripmadam: 2-5
Weinraute: 2
Wermut: 1
Ysop: 1
Zitronenmelisse: 2-3

Markt zu kaufen. Das ist nicht nur bequemer und sicherer, sondern manchmal sogar billiger. Warum eine ganze Samentüte kaufen, wenn von einer Sorte ohnehin nur ein oder zwei Pflanzen gebraucht werden?

Bereiten Sie Ihr Beet gut vor, mischen Sie etwas reifen Kompost unter die Erde und graben Sie mit den Händen oder mit der Handschaufel ein Loch,

*Kräutersamen keimen schneller,
wenn sie beim Vorziehen
auf der Fensterbank unter einer
Plastiktüte Treibhausklima
haben (oben links). Bequemer geht's
nicht. Pflanzen Sie Ihre Kräuter
doch einfach in einem aufgeschnit-
tenen Sack Erde (oben rechts).*

47

das gerade so groß ist, daß die Pflanze genauso tief in der Erde steht wie vorher im Topf. Füllen Sie das Pflanzloch wieder mit Erde auf und drücken Sie die Pflanze behutsam an. Gießen Sie kräftig und sorgen Sie dafür, daß die Pflänzchen so lange gleichmäßig feucht bleiben, bis sie angewachsen sind.

EIN BIßCHEN PFLEGE MUSS SEIN

Wenn Boden, Nachbarschaft und Standort stimmen, brauchen Sie sich um Ihre Kräuter nach dem Pflanzen nicht mehr allzuviel zu kümmern. Wie oft Sie gießen müssen, hängt natürlich vom Wetter ab. Aber in der Regel vertragen die meisten Kräuter auch im Freiland ein wenig Trockenheit. Ihre Containerkräuterzucht müssen Sie natürlich regelmäßig gießen. Halten Sie Ihren Kräutern möglichst das Unkraut vom Leibe. Nicht nur, weil das besser aussieht, sondern auch, um diese Rivalen im Kampf um Wasser und Nährstoffe gar nicht erst hochkommen zu lassen. Eine 5 cm hohe Mulchschicht aus organischem Material (z.B.

Rindenmulch) hält die Feuchtigkeit im Boden und vertreibt Unkraut.

SCHÄDLINGE

Schädlinge und Krankheiten sind im Kräutergarten meist kein allzu großes Problem. Viele Kräuter enthalten Öle und Duftstoffe, die sie weitgehend resistent gegen Feinde und Viren machen. Wenn wirklich einmal eine Invasion von Blattläusen oder Milben in den Kräutergarten eindringt, liegt das manchmal daran, daß die Pflanzen zu dicht stehen. Das passiert relativ häufig, vor allem bei der Minze. Sie wird dann anfällig für Rost. Dann hilft es nur, die Pflanze radikal herunterzuschneiden, auszudünnen oder zu teilen und sie bei nächster Gelegenheit an einen möglichst feuchten Ort zu pflanzen, wo sie sich in Ruhe ausdehnen kann. Manchmal ist auch das Wetter schuld, wenn die Feinde ins Kräuterbeet einfallen: Zuviel Regen und Kälte schwächt die Kräuter und macht sie anfällig für Krankheiten und angreifbar für Schädlinge. Greifen Sie bitte möglichst nicht zum Gift, sondern versuchen Sie zunächst, die Feinde mit natürlichen Mitteln aus dem Weg zu räumen. Manchmal reicht es schon, sichtbares Ungeziefer mit einem scharfen Wasserstrahl abzuspritzen. Wirkungsvoller und völlig unschädlich für die Pflanzen sind Pflanzenbrühen oder Tees aus Kräutern wie etwa verdünnte Brennesseljauche, Rainfarn-Tee, Wermut-Tee oder Schachtelhalmbrühe. Schachtelhalm dient in erster Linie der Stärkung und der Vorbeugung. Wermut-Tee wirkt gegen Läuse, Ameisen und Raupen.

Rezept für Wermut-Tee

Kochen Sie aus 5 Liter Wasser und 150 g frischen Wermutblättern (oder 15 g getrockneten) einen starken Tee. Lassen Sie ihn eine Weile ziehen, sieben Sie ihn durch und sprühen Sie ihn dann über die befallenen Pflanzen. Im Frühling können Sie ihn unverdünnt benutzen. Im Sommer sollte er im Verhältnis 1:3 verdünnt werden.

Rainfarn-Tee

Wird nach dem gleichen Verfahren zubereitet wie Wermut-Tee und ist nützlich bei Milben, Rost und Mehltau.

Petersilienwelke

Wenn Ihre Petersilie über Nacht welk wird, handelt es sich um eine Krankheit, die sogar einen Namen hat. Petersilienwelke wird verursacht durch die Maden der Möhrenfliege, die die Wurzeln abfressen, oder durch Nematoden. In diesem Fall können Sie Ihre Petersilie nicht mehr retten. Säen Sie sie im nächsten Jahr an einer anderen Stelle aus. Petersilie ist nämlich – so sagt der Gärtner – mit sich selbst unverträglich. Ideale Nachbarn sind Schnittlauch, Zwiebeln, Ringelblumen und Tagetes. Diese Kombination verjagt sowohl die Möhrenfliege als auch Nematoden.

Schnecken

Gegen Schnecken ist dagegen kein Kraut gewachsen, im Gegenteil: Vor allem zarte grüne Kräuter wie Basilikum, Portulak und Majoran fallen den glitschigen Räubern zum Opfer, meist in der Nacht. Am frühen Morgen findet man oft nur noch ein paar Blättchen vor, die sie offenbar übersehen haben. Gegenmaßnahmen? Vergessen Sie Schneckenkorn, es ist nicht nur gefährlich für die nützlichen Gartenbewohner, sondern hilft auch nur bedingt. Es reicht schon, wenn nur zwei Schnecken Ihr Basilikum noch attraktiver finden als das Gift. Sie können entweder morgens in aller Frühe die vollgefressenen Feinde in ihrem Beet einsammeln und vernichten, oder besonders gefährdete Kräuter in Hängeampeln züchten. Da kommen die gefräßigen Unholde nicht heran. Oder Sie ziehen Schneckenzäune (machen Arbeit, haben aber einigen Erfolg). Bierfallen sind so eine Sache. Es stimmt, daß die Schnecken, wenn sie Bier riechen, von nah und fern herbeieilen. Forscher haben festgestellt, daß ein Joghurttöpfchen voll Bier Schnecken aus 150 m entfernten Gärten anlockt. Aber: 20 gehen in die Falle und ertrinken. Dann ist der Topf voll, und die restlichen Schnecken machen sich ungestraft über Ihre zarten Kräuter her.

Schädlingsbekämpfung mit Kräutern

Gegen fast jeden anderen Schädling ist ein Kraut gewachsen, das zumindest ein wenig hilft.

Brennesseljauche (oben) hilft gegen mancherlei Schädlinge. Zu ihrer Herstellung brauchen Sie ein großes Faß, in das frisch geschnittene, noch nicht aufgeblühte Brennesseln gefüllt werden. Darauf kommt Wasser bis zum Rand. Einige Tage stehen lassen, bis die Gärung beginnt. Die Brühe ab und zu umrühren, bis der Fäulnisprozeß beendet ist. Dann haben sich die Blätter aufgelöst, die Stiele fischt man heraus.

*Gegen Schnecken (links) ist kein
Kraut gewachsen. Noch
am ehesten eignet sich Salbei
(oben): Schnecken hassen
den Geruch!*

- Basilikum:
Fliegen und Mücken
- Beifuß:
Erdflöhe und Kohlweißling
- Bohnenkraut:
Läuse
- Borretsch:
Kohlweißling
- Dill:
Kohlweißling
- Kapuzinerkresse:
Raupen und Schnecken, zieht Läuse an
- Kerbel:
Ameisen, Läuse, Schnecken
- Knoblauch:
Raupen, Schnecken
- Lavendel:
Ameisen, Läuse
- Meerrettich:
Kartoffelkäfer
- Pfefferminze:
Ameisen, Erdflöhe, Kohlweißling
- Ringelblumen:
Kohlweißling, Nematoden
- Salbei:
Kohlweißling, Möhrenfliege, Läuse, Raupen, Schnecken
- Schnittlauch:
Mehltau
- Thymian:
Kohlweißling, Läuse, Raupen, Schnecken
- Wermut:
Ameisen, Erdflöhe
- Ysop:
Läuse, Raupen, Schnecken

VERMEHRUNG VON KRÄUTERN

Kräuter lassen sich durch Samen, durch Teilung, durch Stecklinge oder durch Absenker vermehren. So geht's:

Vermehrung durch Stecklinge

Junge, noch nicht verholzte Triebspitzen werden mit einem scharfen Messer abgetrennt und in kleine Töpfe mit einer Mischung aus viel Sand und wenig Erde gesteckt. Nur die obersten Blattpaare dür-

---

TIP
Diese Kräuter lassen sich gut durch Stecklinge vermehren:
Lavendel, Rosmarin, Salbei, Ysop, Oregano, Thymian, Zitronenmelisse und Wermut.

---

fen bleiben, alle übrigen werden abgezupft. Stecklinge brauchen gleichmäßige Feuchtigkeit und einen Platz im Halbschatten, sonst beginnen die Stengel zu faulen. Sobald sie kräftige Wurzeln bekommen haben, werden sie in einen größeren Topf umgepflanzt.

Vermehrung durch Absenker

Einige Pflanzen, zum Beispiel der Salbei, neigen ihre Zweige so weit zu Boden, daß sie dort neue Wurzeln bilden, wenn man ein wenig nachhilft. Beschweren Sie die Stelle, an der der Zweig Bodenkontakt hat, mit einem Stein. Wenn der Zweig Wurzeln geschlagen hat, schneiden Sie ihn ab und pflanzen ihn gleich ein.

Vermehrung durch Teilung

Kräuter, die mit der Zeit eine dichte Wurzelmatte gebildet haben (wie zum Beispiel Schnittlauch), brauchen Sie einfach auszugraben, in mehrere Stücke zu teilen (mit einem Spaten oder auch mit den Händen) und gleich wieder einzupflanzen. Das klappt auch bei Oregano und Zitronenmelisse.

Vermehrung durch Wurzelausläufer

Vor allem Estragon und Pfefferminze bilden unterirdisch ein viel größeres Wurzelnetz, als den meisten Gartenbesitzern lieb ist. Stechen Sie mit dem Spaten ein Stück Wurzel samt Trieb an und pflanzen Sie sie neu ein. Am besten im Frühling oder im Herbst.

ERNTEN UND AUFBEWAHREN

Nach altem Volksglauben ruht in der Zeit vom 15. August (Mariä Himmelfahrt) bis zum 8. September (Mariä Lichtmeß) ein besonderer Segen auf der Natur. Deshalb war dies früher auch die große Zeit der Kräutersammler. Heute noch findet an Mariä Himmelfahrt in manchen Dörfern die Kräuterweihe statt. Die geweihten Kräuter wurden dann als heilender Tee verwendet oder in der Heiligen Nacht und an den Rauhnächten dem Viehfutter beigemischt.

Bei vielen Kräutern fällt die Zeit der Reife mit der Blüte zusammen. Bei der Beschreibung der einzelnen Kräuter im letzten Kapitel des Buches können Sie nachlesen, wann jeweils die beste Erntezeit ist. Duft und Aroma der Kräuter sind in ätherischen Ölen enthalten, die sich in winzig kleinen Drüsen oder Kanälen in den Blättern, Stielen oder Samen befinden.

53

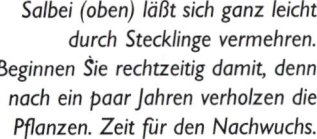

Salbei (oben) läßt sich ganz leicht durch Stecklinge vermehren. Beginnen Sie rechtzeitig damit, denn nach ein paar Jahren verholzen die Pflanzen. Zeit für den Nachwuchs.

Nach der Ernte und dem Trocknen werden die Kräuter weiterverarbeitet. Küchenkräuter und Tees kommen in luftdichte Gläser (unten links und mitte) oder in verschließbare Tongefäße (unten rechts).

55

Die Kunst des Haltbarmachens besteht darin, die Kräuter so zu behandeln, daß von diesen Ölen so viel wie möglich erhalten bleibt.

Ernte

Die beste Zeit ist der Morgen eines sonnigen Tages: So spät, daß der Tau der Morgenfrühe schon getrocknet ist, und so früh, daß die ätherischen Öle in der warmen Sonne noch nicht verdunstet sind. Echte Kräutersammler ernten zwischen 10 und 11 Uhr.

Schneiden Sie die Kräuter vorsichtig mit einem scharfen Messer ab und nur so viele, wie Sie an diesem Tag weiterverarbeiten können. Kräuter, die einige Zeit lang ungenutzt herumliegen, verlieren sehr schnell ihr Aroma.

Wenn Sie ganz genau sein wollen, sammeln Sie die einzelnen Kräuterarten in verschiedenen Körben, damit sich die Düfte nicht miteinander vermischen. Heben Sie nur die gesündesten und schönsten Triebe auf. Waschen sollten Sie die Kräuter vorm Trocknen nur im äußersten Notfall. Vor der Weiterverwendung vorsichtig mit Küchentüchern trockentupfen.

Trocknen

Wie alle Pflanzen bestehen Kräuter zu mehr als 70 Prozent aus Wasser. Die Kunst des Trocknens besteht darin, das Wasser möglichst schnell zu entfernen, das Öl jedoch zu bewahren. Die besten Chancen haben Sie in einem abgedunkelten, gut gelüfteten Raum bei Temperaturen zwischen 21 und 28°C. Gute Belüftung ist wichtig, damit die Feuchtigkeit, die den Pflanzen beim Trocknen entzogen wird, nicht im Raum bleibt. Ein Speicher mit Dachfenster wäre ideal. Notfalls müssen Sie ihn mit einem Heizofen ein wenig anwärmen. Spannen Sie eine Wäscheleine, binden Sie Ihre Kräuter zu lockeren, nicht zu dicken Sträußen zusammen und hängen Sie sie mit dem Kopf nach unten an die Leine.

Trocknen kann man aber auch im Backofen, der auf Mindesttemperatur geschaltet ist. Die Tür steht einen Spalt offen. Auch in einem Schrank, bei dem die Türe natürlich offen bleibt, besteht die Möglichkeit des Trocknens. Dann müssen Sie die Kräuter locker auf einem Rost ausbreiten, immer nur eine Schicht.

Wenn Sie nicht genügend Backofenroste haben, tun es auch Holzrahmen, die mit Musselin oder einem andern luftdurchlässigen Stoff bespannt sind. Stoffwindeln eignen sich übrigens gut dazu. Wenn die Blätter beim Berühren knistern, sind die Kräuter getrocknet. Meistens dauert das zwischen 4 und 14 Tagen. Auf keinen Fall dürfen Sie die Kräuter in der Sonne trocknen lassen. Bei zuviel Licht und Wärme verflüchtigt sich das Aroma.

TIP

Diese Kräuter eignen sich gut zum Trocknen:
Beifuß
Bohnenkraut
Estragon
Majoran
Minze
Rosmarin
Salbei
Thymian

Auch die Küche ist nicht ideal: Die Kräuter sehen dort zwar hübsch aus, doch bei der Feuchtigkeit, die beim Kochen entsteht, brauchen sie zum Trocknen etwa drei Wochen und verlieren dabei den größten Teil ihres Aromas.

Nach dem Trocknen werden die Blätter vorsichtig von den Stengeln gestreift und in gut verschließbaren Gläsern an einem nicht zu hellen Ort aufbewahrt. Die Stengel werfen Sie weg; sie enthalten ohnehin kaum ätherische Öle. Lorbeerblätter bleiben ganz. Verwenden Sie niemals Plastikbehälter oder Papiertüten, Papier saugt die Öle auf, und Plastik bringt die Pflanze zum Schwitzen. Sollte sich auch in Ihren Gläsern innen am Rand Feuchtigkeit ansammeln, sind die Kräuter noch nicht völlig getrocknet. Schütten Sie den Inhalt der Gläser auf ein Blatt Papier und lassen Sie sie nachtrocknen.

Die meisten getrockneten Kräuter halten ungefähr ein Jahr: Basilikum, Majoran, Minze und Liebstöckel ein wenig länger; Petersilie, Zitronenmelisse, Estragon und Bohnenkraut ein wenig kürzer.

Einfrieren

Einige Kräuter verlieren beim Trocknen ihr Aroma. Sie sollten am besten frisch oder tiefgefroren verwendet werden. Besonders Kräuter mit weichen Blättern sind dafür geeignet. Allerdings sehen vie-

Petersilie

Schnittlauch

Nicht alle Kräuter eignen sich für die Tiefkühltruhe. Aber bei Petersilie und Schnittlauch gibt es mit Sicherheit keine Probleme (oben).

Oel

Essig

Manche Samenkörner können zum Würzen von Speisen und Getränken verwendet werden. Gut trocknen! (oben)
Hilfreich bei Erkältungen: ein Bad in selbstgemachtem Salbeiöl.

59

> **TIP**
> *Diese Kräuter eignen sich für die Tiefkühltruhe:*
> *Basilikum*
> *Dill*
> *Fenchel*
> *Kerbel*
> *Majoran*
> *Minze*
> *Petersilie*
> *Rosmarin*
> *Salbei*
> *Schnittlauch*
> *Sorrel*
> *Thymian*

le nach dem Auftauen ziemlich matschig und unattraktiv aus. Waschen Sie sie, falls notwendig, schütteln Sie sie trocken, verpacken Sie sie – in kleinen Portionen – in Plastikbeutel, versiegeln Sie sie und verstauen Sie sie in der Tiefkühltruhe. Vergessen Sie nicht, die Beutel zu beschriften.

Die auf diese Weise tiefgefrorenen Kräuter sollten Sie aber möglichst nach zwei Monaten verbraucht haben.

Kräuter, die Sie sie länger aufbewahren möchten, binden Sie zu kleinen Sträußen zusammen und tauchen jeden Strauß zum Blanchieren ganz kurz erst in kochendes Wasser und dann in Eiswasser.

Erst dann werden sie verpackt und tiefgefroren. Diese Kräuter halten sich ungefähr sechs Monate.

Konservieren in Öl und Essig

Am mühelosesten lassen sich Ihre Kräuter in Essig, Öl oder Alkohol konservieren. Wenn sie ganz mit Flüssigkeit bedeckt sind, können keine Fäulnisbakterien eindringen. Aber die Flüssigkeit nimmt das Aroma der Kräuter an! So geht's:

> **TIP**
> *Diese Kräuter eignen sich zum Konservieren in Kräuteressig:*
> *Basilikum*
> *Estragon*
> *Dill*
> *Lorbeerblätter*
> *Zitronenmelisse*

Spülen Sie gut verschließbare, durchsichtige Flaschen gründlich, lassen Sie sie von innen trocknen und geben Sie Ihre gewaschenen und trockengetupften Kräuter hinein. Sie dürfen selbstverständlich auch am Stiel bleiben. Füllen Sie die Flaschen nun mit gutem Essig

> **TIP**
> Diese Kräuter eignen sich zum
> Konservieren in Kräuteröl:
> Dill
> Lavendel
> Majoran
> Pfefferminze
> Rosmarin
> Salbei
> Thymian

oder Öl auf, so daß alle Kräuter bedeckt sind. Verschließen Sie sie danach und stellen sie an einen warmen, hellen Platz. Jeden Tag muß das Gefäß einmal kräftig durchgeschüttelt werden. Nach zwei bis drei Wochen ist das Aroma der Kräuter auf Essig und Öl übergegangen. Nun können Sie die Flaschen entweder so belassen (sieht schöner aus) oder aber den Inhalt durchsieben und umfüllen. Danach müssen sie kühl und möglichst dunkel aufbewahrt werden.

Aufbewahren von Samen

Die Samen mancher Kräuter können Sie außer zum Aussäen auch zum Würzen oder für Tees verwenden. Pflücken Sie die Samen ihrer Lieblingskräuter, wenn sie völlig reif sind und schon leicht bräunlich aussehen – am besten an einem sonnig-warmen Tag. Lassen Sie sie direkt von der Pflanze in die Tüte fallen. Wenn sie das nicht so bereitwillig tun, schneiden Sie die gesamte Pflanze ab und schütteln Sie die Samen später heraus. Lassen Sie die Samenkörner ca. zwei Wochen lang, auf Papier ausgebreitet, an der Sonne oder an einem anderen warmen Platz trocknen. Saatkörner bewahren Sie am besten in einem Briefumschlag

> **TIP**
> Diese Samen eignen sich
> besonders gut zum
> Aufbewahren für die Küche:
> Anis
> Dill
> Fenchel
> Koriander
> Kümmel

auf. Vergessen Sie nicht, den Briefumschlag zu beschriften. Samenkörner für die Küche kommen in Gläser.

6 |

Die Top Twenty-five der Kräuter

Kräuter sind, wie fast alles im Leben, Geschmackssache. Wir stellen Ihnen hier 25 der gebräuchlichsten genauer vor – in der Hoffnung, daß auch Ihre Lieblingskräuter dabei sind.

Dies ist ein Kräuter-Gartenbuch. Darüber, wie man frische und getrocknete Kräuter weiterverwendet, gibt es eigene Rezeptbücher. Nur hier und da haben wir einen besonders interessanten oder originellen Verwendungszweck für Sie aufgeschrieben. Die Zitate über die einzelnen Arten stammen aus Kräuterbüchern vergangener Jahrhunderte.

ANIS

Pimpinella anisum

Auf einen Blick
Art: einjährig
Höhe: 60 cm
Boden: kalkhaltig, nährstoffreich
Standort: Sonne
Ernte: Samen, einen Monat nach der Blüte (meist August/ September)
Heilkunde: als Tee gegen Bauchweh und Erkältungen
Küche: zum Würzen von Brot, Plätzchen, Kuchen und Bonbons; Grundgewürz für Anisschnäpse wie Pernod, Ouzo, Arrak

"... Gibt dem Gesicht ein jugendliches Aussehen"
Von dieser Wirkung, die der alte Römer Plinius überliefert hat, ist zwar heute nichts mehr

> **TIP**
> *Wenn Sie keinen Anisgeschmack mögen sollten-Mäuse sind ganz versessen darauf. Aniskörner in der Mausefalle finden sie noch unwiderstehlicher als Käse*

bekannt. Aber sonst weiß man über Anis fast nur Gutes. Wenn er trotzdem nicht sehr häufig in unseren Gärten angebaut wird, so liegt das daran, daß der intensive süßliche Geschmack zur Zeit in unserem Kulturkreis nicht sehr gefragt ist. Die wenigsten Kräuterfreunde brauen ihren eigenen Anisschnaps, und auch Anisbonbons sind nicht jedermanns Sache.
Die Pflanze selbst – zwei weiße Blütendolden an einem zarten Stengel – sieht sehr hübsch aus und ist ziemlich unkompliziert. Zur völligen Reife kommt die Pflanze allerdings nur in sehr warmen Sommern. Aussaat: nicht vor April. Die keimenden Pflänzchen vertragen keinen Frost. Schneiden Sie die Dolden ab, wenn sich die Samen bräunlich verfärben. Falls sie grau-grün bleiben, was in kühlen Sommern durchaus vorkommen kann, müssen die Dolden zum Nach-

reifen noch einige Tage mit dem Kopf nach unten an einem luftigen, warmen Platz aufgehängt werden.

BASILIKUM

Ocinum basilicum

Auf einen Blick
Art: einjährig
Höhe: 40-50 cm
Boden: locker, sandig, etwas nährstoffreich
Standort: Sonne
Ernte: Blätter nach Bedarf abschneiden. Die Pflanze darf nicht zum Blühen kommen.
Heilkunde: krampflösend, beruhigend
Küche: am besten frisch zu Tomatengerichten

"... bewegt zu ehelichen Werken"
Auch wenn die potenzfördernde Wirkung heutzutage etwas in Frage gestellt wird, Basilikum ist "in". Fast zu jeder Jahreszeit kann man die Töpfe mit den aromatischen grünen Pflanzen beim Gemüsehändler bekommen.
Meist wird Basilikum in Verbindung mit Tomaten (und Mozarella) verwendet, doch auch in Soßen (Pesto), Sala-ten und Kartoffelgerichten bringen frische Basilikumblätter das gewisse Etwas.
Am besten, Sie säen Basilikum nicht aus, sondern setzen die vorgezogenen Pflänzchen nach den Eisheiligen in den Garten. Basilikum braucht viel Wärme und Sonne und verträgt nicht den geringsten Frost.
Pflanzen Sie nicht den gesamten Topf an eine Stelle, sondern vereinzeln Sie die Pflänzchen. Sie werden viel kräftigere Pflanzen bekommen.

TIP
Basilikum wird viel kräftiger und buschiger und auch langlebiger, wenn Sie immer aufs neue den Trieb abknipsen, bevor er zu blühen beginnt. Wenn Sie den Trieb in Wasser oder Sand wurzeln lassen, können Sie daraus eine neue Pflanze heranziehen.

In naßkalten Jahren kann es passieren, daß Basilikum trotz guter Pflege verkümmert. Achtung! Schnecken reisen meilenweit wegen des Geschmacks von Basilikum. Zerbrochene Eierschalen, rund um die Pflanze verteilt, verleiden ihnen aber die Lust.

65

BEIFUSS

Artemisia vulgaris

Auf einen Blick

*Art: mehrjähriger Strauch
Höhe: bis zu 1,50 m
Boden: anspruchslos, trocken
Standort: Sonne
Ernte: Die Blüten für die Küche
als Knospen ernten, sonst wer-
den sie bitter. Aus Blättern ge-
winnt man Tee
Heilkunde: Als Tee gegen Ma-
genschmerzen
Küche: macht fette Braten ver-
träglicher*

"Vertreibt Teufel und Hexen"

Möglicherweise kannten Sie
Beifuß bisher nur als Unkraut.
Es wächst aus Steinfugen
ebenso wie zwischen Bau-
schutt. Vielleicht besorgen Sie
sich die Pflanze für Ihren Kräutergarten aber doch besser in
einer Gärtnerei.
Der Beifuß wächst zu einer
hohen, buschigen Pflanze her-

*Der Beifuß (oben) hat dunkelgrüne
Blätter, die auf der Unterseite
behaart sind.*

TIP

*Geben Sie acht, daß Sie nur
die Blüten, keine Blätter
mitkochen. Die duften zwar
gut, sind aber bitter und
ungenießbar.*

*Detail einer Anispflanze (oben Mitte).
Basilikum (links) und Rosmarin
(oben rechts) stammen aus dem Süden und brauchen viel Sonne
und Wärme.*

67

an mit Blättern, die auf der Oberseite grün sind und auf der Unterseite weißgrau. Im August erscheinen kleine gelbliche oder rötliche Blüten, die in Blütenständen zusammenstehen und auch den fettesten Gänsebraten verträglicher machen. Im Winter friert die Pflanze völlig zurück.

> **TIP**
> Bohnenkraut hat eine winterharte, aber weniger aromatische Variante namens Winterbohnenkraut.

chen vereinzelt werden. Getrocknet oder tiefgefroren behält Bohnenkraut den größten Teil seines Aromas.

BOHNENKRAUT
Satureja hortensis

Auf einen Blick
Art: einjährig
Höhe: 40-60 cm
Boden: trocken, nährstoffreich
Standort: Sonne, geschützt
Ernte: vor der Blüte im Juli am würzigsten; Trocknen möglich
Heilkunde: Allheilmittel gegen zahlreiche Beschwerden
Küche: Bohnengerichte, Hammelbraten, Bratkartoffeln

"Der Salbei der armen Leute"
Das buschige Kraut mit den zarten rosa oder weißen Blüten braucht viel Wärme und Sonne, mag aber nur Kompost, keinen Dünger.
Säen Sie ab Mitte April im Freien aus. Nach etwa drei Wochen müssen die Pflänz-

BORRETSCH
Borago officinalis

Auf einen Blick
Art: einjährig
Höhe: 40-60 cm
Boden: normale Gartenerde
Standort: Sonne oder Halbschatten
Ernte: zarte Blätter ab zwei Monaten nach der Aussaat
Heilkunde: heute nicht mehr von Bedeutung
Küche: feingehackt zu Salaten, Joghurt, Kräuterbutter und gekocht als Füllung für Ravioli

"Bringt nur Freude"
Das zumindest sagten die alten Römer über Borretsch. Vermutlich hat ihnen die starke Behaarung der Blätter weniger ausgemacht als uns heutzutage. Wir hacken die Blätter ganz klein, damit man mög-

lichst wenig von den Haaren spürt, aber viel von dem würzigen, an Gurken erinnernden Geschmack. Am besten, Sie säen Borretsch selbst aus, denn Umpflanzen hat er nicht gern. Halten Sie das Beet gut feucht und geben Sie ihm eine Menge Platz. Wenn der Borretsch erst mal gekeimt hat und ihm der Standort gefällt, walzt er alle kleineren Kräuter nieder und sät sich überall im Garten selber aus. Verschenken Sie ruhig einmal ein paar Pflanzen, sonst haben Sie bald zuviel davon.

Borretsch wird nur frisch verwendet. Trocknen lassen sich die stark wasserhaltigen Blätter nicht; sie würden darüber ihr gesamtes Aroma verlieren. Die wunderschönen blauen Blüten sind übrigens eine Zierde für jeden Salat.

TIP

Hinreißend nostalgisch: Kandierte Borretschblüten! So geht's: Tauchen Sie jede Blüte einzeln in Eischnee, bestreuen Sie sie mit Zucker und lassen sie im Backofen auf kleinster Stufe trocknen. Danach werden sie in verschlossenen Gläsern aufbewahrt.

DILL

Anethum graveolens

Auf einen Blick
Art: einjährig
Höhe: 80-100 cm
Boden: gut dräniert, aber feucht
Standort: Sonne, windgeschützt
Ernte: Blätter nach Bedarf, Samen, sobald sie sie sich bräunlich färben
Heilkunde: Tee aus Samen zur Beruhigung
Küche: Salate, Fischgerichte, Quark

"Senf und Dill, mein Mann muß tun, was ich will"
Das erhofften sich zumindest früher die Bräute, wenn sie auf dem Weg zum Altar Senf und Dillblätter in die Schuhe legten. Dieser Brauch ist mittlerweile etwas aus der Mode gekommen, doch gibt es immer noch mancherlei Verwendungszwecke.

Man braucht Dill längst nicht nur für Gurkensalat und Fischgerichte, sondern auch für Soßen, Eierspeisen (harte Eier in Dillsoße) und selbsteingelegte Essiggurken. Außerdem wirkt Tee aus Dillsamen auch heute noch krampfstillend und beruhigt den Magen.

69

Wenn Sie Dillpflanzen kaufen, suchen Sie sich möglichst junge, kleine Pflänzchen aus, denn größere Pflanzen vertragen den Umzug nicht! Wenn Sie selbst säen möchten: Dill läßt sich wirklich kinderleicht aus Samen heranziehen und noch bis in den Juni hinein immer wieder nachsäen. 5-8 Wochen nach der Aussaat kann geerntet werden. Junge Pflanzen können ganz verzehrt werden, von älteren nur noch die Blättchen und den Samen verwenden. Um den Samen zu gewinnen, müssen Sie die reifen

Blütendill
2.- ~ 1,50

TIP

Die mineralischen Salze und der hohe Säuregehalt im Dill ergeben ein hervorragendes Mittel zur Stärkung der Fingernägel. Bereiten Sie aus 2 Teelöffeln zerstoßenem Dillsamen und 2 Teelöffeln gehacktem Schachtelhalm bzw. Zinnkraut und 1 Tasse Wasser einen Sud. Lasssen Sie ihn so lange kochen, bis die Flüssigkeit auf die Hälfte eingedampft ist. Auf Körpertemperatur abkühlen. Nägel dreimal wöchentlich darin 10-15 Minuten baden. So lange wiederholen, bis sie deutlich kräftiger sind. Der Sud hält sich im Kühlschrank eine Woche.

Drei Riesen im Kräuterbeet: Fenchel (rechts), Estragon (unten) und Dill (links unten) werden einen Meter und darüber groß. Borretsch hat bezaubernde Blüten (links).

> **Tip**
> *Estragon gibt allen Gerichten, die mit Pfeffer und paprika gewürzt sind, den letzten Pfiff.*

71

Fruchtstände an einem warmen Ort zum Trocknen aufhängen. Breiten Sie ein Tuch darunter aus und lassen Sie die herausfallenden Samen völlig trocknen. Pflanzen Sie Ihren Dill nie zwei Jahre hintereinander an die gleiche Stelle. Er ist dann anfällig für Pilzinfektionen.

ESTRAGON
Artemisia dracunculus

Auf einen Blick
Art: mehrjährige Staude
Höhe: 80 -100 cm
Boden: gut dräniert und trocken, verträgt Dünger
Standort: Sonne, windgeschützt
Ernte: Blätter nach Bedarf abpflücken; zum Trocknen vor der Blüte ernten. Blütezeit Mai bis Juli.
Heilkunde: appetitanregend, harntreibend
Küche: in Kräutersoßen und bei Fischgerichten, Essig und zu Gurken

"Bringet Begierd zu essen"
An diese alte Weisheit glaubt man noch heute. Wenn Sie's ausprobieren möchten, besorgen Sie sich den Estragon am besten im April in einer

Gärtnerei und setzen Sie ihn dann in Ihr Kräuterbeet. Achten Sie aber darauf, daß Sie die richtige Sorte erwischen, es gibt nämlich zwei: russischen Estragon und französischen Estragon. Beide sind mehrjährig und beide werden etwa 1 m hoch, aber die französische Form schmeckt wesentlich würziger. Die medizinische Bedeutung von Estragon steht heute zur Diskussion, nicht aber seine Rolle bei der Zubereitung von Sauce Béarnaise.

FENCHEL
Foeniculum vulgare

Auf einen Blick
Art: meist ein- bis zweijährig
Höhe: 80 - 150cm
Boden: gut dräniert, kalkhaltig, nährstoffreich und feucht
Standort: Sonne
Ernte: Blätter nach Bedarf. Samen nach Reife, Dolden werden im Herbst abgeschnitten und nachgetrocknet
Heilkunde: Tee aus Fenchelsamen hilft gegen Bauchschmerzen und Blähungen
Küche: Blätter für Salate und Fischgerichte, Samen für Fleisch, Suppen und Fisch

"Die Schlange streift mit seiner Hilfe ihre alte Haut ab"

Das hat Plinius behauptet, aber er hat nicht gesagt, ob sie dazu den Fenchelsamen gefressen oder sich nur an der Pflanze gerieben hat. Fenchel gehört zu den Kräutern, die nicht ganz leicht auszusäen sind. Am besten, Sie kaufen eine vorgezogene Pflanze in der Gärtnerei. Der Fenchel legt nämlich erst im zweiten Jahr richtig los, und auch nur dann, wenn es ihm warm genug ist und der Boden seinen ziemlich gehobenen Anforderungen (siehe oben) entspricht. Er schaut dann ungefähr so aus wie ein riesiger Dill. Sein zartes Grün benutzt man auch wie Dill für Salate und Fischgerichte. Aus dem süßlichen Samen macht man hervorragenden Fencheltee, und manche benutzen ihn auch für Brot und Fleischgerichte. Aber in erster Linie steht er in unserem Kräutergarten, weil er dekorativ ist.

> **TIP**
> In Frankreich wird Fenchelöl recht erfolgreich zur Behandlung von Cellulitis angewendet.

KAMILLE

Chamomilla recutita

Auf einen Blick
Art: einjährig
Höhe: 40-50 cm
Boden: anspruchslos
Standort: Sonne
Ernte: Während der Blüte werden die Köpfe geerntet
Heilkunde: bei Entzündungen und Erkältungen
Küche: kaum Verwendung

"Für alles bestens zu gebrauchen ..."

Umfassender kann man Aufgabe und Wirkung der Kamille nicht beschreiben. Übrigens gibt es viele Kamillearten, aber nur eine "Echte Kamille". Sie läßt sich nur dann

> **TIP**
> Eine Spülung mit durchgeseihtem Kamillentee macht blondes Haar heller und verleiht ihm Glanz.

erkennen, wenn man genau hinschaut. Nach der Befruchtung und bei Regen hängen ihre weißen Blütenblätter nach unten. Kamille läßt sich ganz leicht aussäen und ist, sofern die Sonne genügend scheint, völlig unkompliziert.

73

In der Blütezeit zwischen Juni und September können Sie die zarten Köpfchen abbrechen und an einem nicht zu hellen Platz trocknen. Aus ihnen läßt sich der berühmte Kamillentee zubereiten, der so schlecht schmeckt und so gut hilft bei einer ganzen Palette von anfallenden Wehwehchen. Hervorragend und völlig frei von Nebenwirkungen ist auch das Kamillenöl. Es wird zur Linderung von Schmerzen aller Art und zur Entspannung verwendet.

KERBEL

Anthriscus cerefolium

Auf einen Blick
Art: einjährig
Höhe: 60 cm
Boden: normale Gartenerde
Standort: Sonne und Halbschatten
Ernte: 6-8 Wochen nach der Aussaat
Heilkunde: leicht harntreibend
Küche: frisch zu Suppen, Salaten und Soßen

"... und bringt den Frauen ihre Zeit"
Kerbel ist eng mit der Petersilie verwandt. Aus einer lan-

Kamille ist eine wertvolle Heilpfanze
(unten). Kresse (links unten) und
Kerbel (rechts oben) enthalten viele
Vitamine; möglichst frisch verwenden.

7 5

TIP
Wenn Sie das alles noch nicht überzeugt: Kerbel im Garten vertreibt Ameisen.

Heilkunde: zerstoßen mit Honig als Hustenmittel
Küche: Als Lebkuchengewürz, für Soßen, Curry-Gerichte und eingelegte Gurken

gen dünnen Wurzel wachsen glattblättrige und krause hellgrüne, sehr zarte und aromatische Blättchen. Kerbel wird stets frisch geschnitten und nie mitgekocht. Es wird ausgesät wie Petersilie, hat aber eine viel kürzere Entwicklungszeit. Nach 6-8 Wochen können Sie schon ernten. Je mehr Sie schneiden, desto länger wird die Blütezeit hinausgezögert. Wenn Sie für immer neue Folgesaaten sorgen, können Sie den größten Teil des Jahres Kerbel ernten.

KORIANDER
Coriandrum sativum

Auf einen Blick
Art: einjährig (manchmal zweijährig)
Höhe: 40-70 cm
Boden: gut dräniert, kalkhaltig
Standort: Sonne
Ernte: junge Blätter zum Würzen von Salat, sonst nur die Samenkörner, sobald der unangenehme Geruch verflogen ist.

"... vertreibt den unlieblichen stinkenden Geschmack des Knoblauchs"
Die Blätter schmecken, wenn sie jung und zart sind, nach getrockneter Orangenschale. Die Körner haben ein würzig-süßes Aroma. Schade, daß

TIP
In arabischen Ländern gilt Koriander heute noch als potenzförderndes Mittel – und als eine hervorragende Alllternative zum Mundspray.

die Pflanze selbst anfangs so unangenehm riecht (früher wurde sie deshalb auch als Wanzendill bezeichnet). Mit zunehmender Reife verschwindet dieser Geruch jedoch. Die Pflanze mit den zarten weißen Blüten braucht zum Gedeihen einen sonnigen Platz und läßt sich den ganzen Sommer über aussäen. Die Körner sollten erst geerntet werden, wenn sie ganz reif sind. Schneiden Sie dann die gesamte Pflanze ab und lassen Sie sie noch ein paar Tage zum Nachreifen auf dem Boden liegen. Wenn der Samen ganz trocken ist, schütteln Sie ihn heraus und bewahren ihn in luftdichten Glasgefäßen auf.

KRESSE
Lepidium sativum

Auf einen Blick
Art: einjährig
Höhe: 25-40 cm
Boden: feucht
Standort: Halbschatten
Ernte: ganzjährig zwei Wochen nach der Aussaat (Folgesaaten)
Heilkunde: enthält viel Vitamin C
Küche: nur frisch zu Salat, Butterbrot und Quark

". . . bewahrt das Haar vor Haarausfall"
Außerdem schmeckt sie auch noch gut und ist wirklich völlig unkompliziert. Kresse keimt sogar, wenn Sie sie in der warmen Küche auf einem Teller mit feuchter Watte aussäen und versorgt Sie den ganzen Winter mit frischen Vitaminen.
Die Nährstoffe, die sie bis zur Ernte (nach längstens 2 Wo-

chen) benötigt, sind alle im Samen enthalten. Im Garten sollten Sie Kresse ernten, wenn sie etwa handhoch ist.

TIP
Kresse paßt im Geschmack, aber auch im Standort ausgezeichnet zu Radieschen. Säen Sie beide zusammen auf ein Beet.

LAVENDEL
Lavandula angustifolia

Auf einen Blick
Art: mehrjährige Staude
Höhe: 25-50 cm
Boden: anspruchslos, liebt aber Kalk
Standort: Sonne
Ernte: junge Blätter zum Würzen jederzeit; Blüten, sobald sie sich öffnen
Heilkunde: Lavendelblütentee bei Magenschmerzen und zur Beruhigung
Küche: junge Blätter zu Hammelbraten, Fischsuppe und Gemüsegerichten

"Heilet das Hauptweh und den Schwindel, so von Kälte kommen ..."
Lavendel pflanzen wir meist, weil er so wunderschöne

blaue Blüten hat und nach Ferien und Süden riecht. Im Mittelmeerraum wird er zwar auch gern als Gewürz beim Kochen verwendet, aber uns ist der Geschmack meist zu intensiv. Am besten, Sie kaufen eine Jungpflanze und setzen Sie in Ihr Kräuterbeet; im Sommer können Sie sie dann durch Stecklinge vermehren. Nach der Blüte wird der Lavendel kurzgeschnitten, damit er im nächsten Jahr wieder austreibt. Die Blüten lassen sich sehr gut trocknen und als Duftkissen verwenden.

Lavendel gehört zu den wenigen Kräutern, die am Stiel getrocknet werden können. Legen Sie sie einzeln auf ein Tablett oder hängen Sie sie in Bündeln zum Trocknen auf, möglichst aber nicht mehr als 10 Stiele zusammenbinden. Wenn Sie nur die Blüten benötigen, streifen Sie sie ein-

> **TIP**
>
> *Ein Bad aus Lavendelblüten entspannt, ohne müde zu machen. Füllen Sie ein Stoffsäckchen mit Lavendel und hängen Sie es unter den Wasserhahn, während Sie das Bad einlassen.*

*Lavendel(oben), Oregano (links oben)
und Minze (links) gehören zu
den Kräutern mit besonders inten-
sivem Duft.*

79

fach ab. Die Stengel werfen Sie bei nächster Gelegenheit ins Feuer; das gibt einen wunderschönen Duft.

MAJORAN
Majorana hortensis

Auf einen Blick
Art: einjährig
Höhe: 60 cm
Boden: locker, humusreich
Standort: Sonne
Ernte: die Blätter bei Bedarf.
Zum Trocknen kurz vor der Blüte im Juni schneiden
Heilkunde: als Tee bei Magenschmerzen; als Salbe gegen Schnupfen
Küche: frisch oder gekocht zu deftigen Fleischgerichten und Eintöpfen

"Mit Salz und Essig vermischt, heilt Skorpion-Stiche"
Majoran ist in der Kräutermedizin eine Art Universalmittel. Haarausfall, Skorpionbisse und Zahnweh – Majoran ist für alles gut. Auch in der Küche mögen viele das würzige Kräutlein. Wenn Sie die kleine Mittelmeerpflanze in Ihrem Kräutergarten ansiedeln wollen, müssen Sie ihr viel Wärme, Sonne und einen nährstoffreichen Boden mit viel Kompost bieten. Majoran läßt sich aussäen. Am besten Sie kaufen eine Jungpflanze und züchten dann im Sommer die nächste Generation aus Stecklingen. Majoran läßt sich frisch und getrocknet verwenden.

> **TIP**
> *Majoranöl über Dampf inhaliert, ist ein ausgezeichnetes Mittel gegen Bronchitis und Erkältungen.*

MINZE
Mentha

Auf einen Blick
Art: mehrjährige Staude
Höhe: 50-80 cm
Boden: feucht, humusreich
Standort: lichter Halbschatten
Ernte: Blätter bei Bedarf; ganze Pflanze zweimal pro Jahr, im Sommer und im Frühherbst
Heilkunde: Pfefferminztee gegen Magenschmerzen; Pfefferminzöl gegen Kopf- und Muskelschmerzen
Küche: zu Gurkengemüse, Hammelfleisch, Lammbraten und Obstsalaten

"Erwärmet die erkalteten Därme ..."
Es gibt über 40 verschiede Minze-Arten: Pfefferminze, Apfelminze und Grüne Minze sind bei uns am meisten verbreitet. Wenn Sie in Ihrem Garten ein feuchtes Plätzchen finden, werden diese Kräuter in kurzer Zeit den größten Teil des Gartens besetzt halten. Minze wuchert weniger, wenn Sie sie samt Topf in den Boden setzen. Aber wehe, einem einzigen Trieb gelingt die Flucht. Trotzdem sollten Sie die Minze in Ihren Kräutergarten aufnehmen: Zum einen ist der Duft wunderschön, und selbst wenn Sie "peppermint-sauce" und "peppermint-jelly" nicht so schätzen, wie das die Engländer tun, ein heißer süßer Pfefferminztee an einem kalten Tag duftet und schmeckt wunderbar.

> **TIP**
> *Säen Sie Minze möglichst nicht selbst aus. Sie ist eine Kreuzung aus den verschiedensten Arten. Beim Aussäen kommt es zu seltsamen Rückfällen in frühere Ahnenreihen. Kaufen Sie die Pflanze und versuchen Sie, den Wuchs im Zaum zu halten.*

OREGANO
Origanum vulgare

Auf einen Blick
Art: mehrjährige Staude
Höhe: 30 cm
Standort: volle Sonne
Ernte: die Blätter bei Bedarf. Zum Trocknen kurz vor der Blüte im Juni schneiden
Heilkunde: als Tee bei Magenbeschwerden
Küche: frisch oder gekocht zu herzhaften Fleisch- und Eintopfgerichten

"Wohlgemuth (Oregano) in Wein gesotten, löschet alle Hitz"
Was auch immer der Krävatervater Lonicerus damit gemeint haben mag, Oregano (wilder Majoran) ist ein Kind des Südens. Manche kennen ihn auch unter der Bezeichnung Dost. Selbst wenn er bei uns an einem warmen, sonnigen Standort gedeiht, erreicht er nie die Würzkraft und das Aroma, das er unter südlicher Sonne bekommt. Wenn Sie aber unbedingt Ihre Pizza mit Oregano aus dem eigenen Garten würzen möchten, oder wenn der Strauch mit den zarten rosa Blüten Ihnen

gefällt, so kaufen Sie ihn als Jungpflanze und geben Sie ihm den wärmsten, sonnigsten Platz im Garten und decken Sie ihn im Winter gut zu. Oregano läßt sich hervorragend trocknen.

PETERSILIE

Petroselinum crispum

Auf einen Blick
Art: zweijährig
Höhe: 30 cm
Boden: tiefgründig, etwas nährstoffreich, feucht
Standort: Sonne oder Halbschatten
Ernte: ganzjährig
Heilkunde: bei Insektenstichen
Küche: frisch und feingehackt zu Salat, Suppe, Soße, Kartoffeln und Gemüse

"Der Samen, eingenommen, wehret der Trunkenheit ..."
Petersilie ist zweijährig. Sie treibt eine lange Wurzel in den Boden und bildet im ersten Jahr buschige Blätter, die je nach Sorte "glatt" oder "kraus" sind. Im zweiten Jahr wächst dann ein langer Stengel, an dem sich grünlich-gelbe Blüten und Dolden ent-

wickeln. Sobald die Pflanzen kräftig genug sind, können Sie ständig Petersilienblätter abschneiden. Schonen Sie aber bitte das Herzblatt, damit die Pflanze weiterwachsen kann. Petersilie wird nur frisch verwendet – feingehackt – zu Kartoffeln, Salaten, Suppen und fast allem anderen, was die Küche zu bieten hat.
Standort: Wenn Sie gern Petersilie mögen, legen Sie sich einen reichlichen Vorrat an. Vielleicht wächst sie ja bei Ihnen. Bei nahrhaftem, humusreichem, gut gedüngtem Boden und möglichst im Halbschatten sind die Chancen gar nicht so schlecht. Aber ersparen Sie sich den Frust, Petersilie selbst auszusäen. Die Pflänzchen haben eine so lange Keimzeit (bis zu sieben Wochen), daß man die Hoffnung inzwischen aufgibt.
Schon in alter Zeit glaubte man, der Petersiliensamen ginge siebenmal zum Teufel und zurück, bevor die ersten grünen Blättchen erscheinen. Auch müsse ein besonders

> **TIP**
> *Petersilie, auf der Haut zerrieben, schützt vor Mückenstichen.*

*Glatte und krause Petersilie (links),
grüner Purtulak (ganz unten).
Beide eignen sich sehr gut als Salat.
Gelbe Ringelblumen (links unten)
und würziger Rosmarin (unten).*

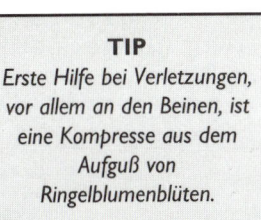

TIP

*Erste Hilfe bei Verletzungen,
vor allem an den Beinen, ist
eine Kompresse aus dem
Aufguß von
Ringelblumenblüten.*

83

ehrenwerter Mann ihn aussäen, sonst würde nichts daraus. Wenn Ihre Petersilie etwas wird, freuen Sie sich! Wenn nicht, bleibt Ihnen zum Trost immer noch der alte Spruch, nach dem die dümmsten Bauern die größte Petersilie haben. . .

PORTULAK
Portulaca oleracea

Auf einen Blick
Art: einjährig
Höhe: 30-50 cm
Boden: feucht, sandig
Standort: Sonne
Ernte: drei/vier Wochen nach der Aussaat, wächst immer wieder nach
Heilkunde: vitaminreich
Küche: roh zu Salat, Quark, Soße, auch selbst als Salat verwendbar

"Macht wackelhafte Zähne wiederum fest stehen"
Portulak ist ideal für Kräutergärtner mit wenig Geduld. Bereits drei Wochen nach der Aussaat (Ende Mai; Portulak ist ein wärmeliebender Südländer) können Sie die knakkig-grünen Blätter ernten und als Kräuter zum Salat oder

auch als eigenständigen Salat verwenden. Wenn Sie die Blätter etwa 5 cm über dem Boden abschneiden, wächst er sogar immer wieder nach. Portulak haßt Dünger, braucht aber viel Feuchtigkeit und hier und da ein wenig Kompost. Zum Trocknen sind die dikken, saftigen Blätter nicht geeignet, wohl aber zum Kochen. Dann schmeckt der Portulak etwa wie Spinat.

TIP
Wenn Sie auch im Winter Portulak ernten möchten, müssen Sie im September Momita perfolita ausäen, den Winterportulak. Er wächst genauso schnell wie sein sommerlicher Verwandter, verträgt aber Frost und kann den ganzen Winter auf dem Beet bleiben.

RINGELBLUME

Calendula officinalis

Auf einen Blick
Art: einjährig
Höhe: 30-50 cm
Boden: anspruchslos
Standort: Sonne oder Halbschatten
Ernte: frische Blätter, solange

sie jung sind; Blüte während der ganzen Blütezeit; Blütenköpfe trocknen und Blütenblättchen abzupfen
Heilkunde: Ringelblumensalbe ist ein bekanntes Heilmittel für Wunden; die Blütenblätter werden auch in Form von Tees und Aufgüssen verwendet.
Küche: junge Blättchen als Salatgewürz

"Wenn sich die Ringelblumen morgens nicht öffnen, gibt's Regen"
Die Wettervorhersage nach einer alten Bauernregel ist natürlich nur ein Nebenprodukt. Wenn Sie Ringelblumen in Ihr Kräuterbeet pflanzen, so sollten Sie es vor allem deshalb tun, weil sie so hübsch aussehen und zu einem Kräutergarten einfach gehören. Gönnen Sie sich die Freude, die strahlend schönen gelben und orangefarbenen Blumen bis fast in den Winter hinein im Garten zu haben. Wenn sie sich bei Ihnen wohl fühlen, werden sie jahrelang wiederkommen. Außerdem können Sie ja ruhig einmal ausprobieren, wie die zarten Blättchen in der Salatsauce schmecken.

ROSMARIN
Rosmarinus officinalis

Auf einen Blick
Art: mehrjährige Staude
Höhe: 50 - 150 cm
Boden: sandig, gut dräniert
Standort: Sonne, gut geschützt
Ernte: Nach Bedarf kleine Zweige abpflücken, kann getrocknet werden
Heilkunde: Rosmarinbäder machen frisch und munter
Küche: sparsam zu Braten, Soßen und Kartoffelgerichten

"Da ist Rosmarin, das ist für die Treue"
Der wunderschöne, duftende Rosmarinstrauch mit dem hohen Symbolgehalt – früher trugen die Bräute Rosmarinkränze – und den leuchtend-blauen Blüten stammt aus dem Mittelmeerraum. Er ist mehrjährig, übersteht einen deutschen Winter aber

TIP
Wenn Sie Ihre eigene "Herbes de Provence"-Kräutermischung zusammenstellen möchten, diese Kräuter gehören dazu: Rosmarin, Thymian, Majoran, Oregano, Bohnenkraut, Basilikum, Estragon und ein Hauch Lavendel.

85

nur in einem kühlen, hellen Raum. Graben Sie ihn deshalb am besten mitsamt dem Topf in das Kräuterbeet. Schneiden Sie nur winzige Zweigspitzen ab, um Ihre Braten, Soßen, Pizzen, Kartoffel- und Fischgerichte damit zu würzen. Der Effekt ist sonst stärker als Ihnen lieb ist. Rosmarin wird mitgekocht.

SALBEI

Salvia officinalis

Auf einen Blick
Art: mehrjähriger Strauch
Höhe: 30-60 cm
Boden: sandig, nährstoffreich
Standort: Sonne
Ernte: Blätter nach Bedarf,
lassen sich trocknen
Heilkunde: bei Entzündungen in Mund und Rachen
Küche: in kleinen Mengen bei deftigen Kartoffel- und Fleischgerichten, ein absolutes "Muß" bei Saltimbocca

"Wer ewig leben will, der esse Salbei im Mai"
Salbei ist, wie Rosmarin, ein Strauch, der sich im sonnigen Süden wohlfühlt. Dort wächst er zu großen Sträuchern heran und trägt zahllose blaue

Die zartblauen Blüten des Salbeis (oben links) sowie die kräftig-blauen Ysopblüten (oben rechts) bringen Farbe in Ihren Garten. Bei Thymian unterscheidet man zwischen einer bodendeckenden Sorte (oben Mitte) und einer höherwachsenden (unten Mitte). Der charakteristische Thymianduft ist an heißen Tagen besonders intensiv. Schnittlauch (unten rechts) und Zitronenmelisse (unten Links) gehören zur Grundausstattung jedes Kräutergartens.

Tip

Wenn Ihr Schnittlauch ein besonders intensives Dunkelgrün bekommen soll, düngen Sie ihn gelegentlich mit Ruß.

87

Blüten. Verwenden Sie die silbergrünen Blätter äußerst sparsam. Einen Winter in unseren Breiten übersteht er nur mit einer dicken Mulchdecke. Nach einigen Jahren verholzt er.

> **TIP**
> *Salbei ist ein wunderbares Mittel bei Halsschmerzen. Bereiten Sie aus einem ½ l Wasser und 50 g getrocknetem Salbei einen Tee, lassen Sie ihn 15 Minuten ziehen und trinken Sie viermal täglich davon eine halbe Tasse. Gurgeln Sie, so oft Sie möchten.*

SCHNITTLAUCH
Allium schoenoprasum

Auf einen Blick
Art: mehrjährig
Höhe: 15-25 cm
Boden: nährstoffreich
Standort: Sonne oder Halbschatten
Ernte: erste Ernte 6 Wochen nach Aussaat bis zur Blüte, häufig schneiden
Heilkunde: appetitanregend
Küche: überall, wo ein leichter Zwiebelgeschmack erwünscht ist (am besten roh)

"Er bläst"

Mehr als diese knappe Äußerung ist von alten Kräuterkundigen zum Schnittlauch nicht überliefert worden. Dabei gibt es viel Positives zu sagen: Der nahe Verwandte von Zwiebel und Knoblauch ist vielseitig in der Verwendung und auch pflegeleicht. Er gedeiht in der Sonne und zur Not auch im Schatten und übersteht selbst die härtesten Winter. Der milde Zwiebelgeschmack ist wunderbar geeignet für Salatsoßen, als Brotaufstrich (Schnittlauchbrot) und für Suppen, Kartoffelgerichte und Fisch. Gekocht verliert er allerdings einen großen Teil seiner Vitamine. Schnittlauch liebt kalkhaltigen, nährstoffreichen und feuchten Boden. Aber er ist auch nicht beleidigt, wenn er mal nicht gegossen wird. Nach drei Ernten ist er meistens erschöpft. Aber Sie können Ihre Bestände erneuern, indem Sie ihn teilen und neu auspflanzen.

THYMIAN

Thymus vulgaris

Auf einen Blick

Art: mehrjähriger kleiner Strauch
Höhe: 30 - 40 cm
Boden: gut drainiert
Standort: Sonne
Ernte: Blätter nach Bedarf abzupfen, auch während der Blüte
Heilkunde: gegen Erkältungen
Küche: deftige Fleisch- und Eintopfgerichte

"Ist gut den traurigen und bekümmerten Personen"
Der kleine, robust aussehende Thymian hat Blätter, die auch im Winter (grau)grün bleiben. Er trägt im Sommer rosa Blüten und duftet stark. Kein Wunder, denn er gehört in die gleiche südländische Großfamilie, aus der auch Rosmarin und Lavendel, Salbei, Minze und Majoran stammen. Außer dem "normalen" Thymian gibt es noch zahlreiche Varianten, die alle anders duften: Der Zitronenthymian natürlich nach Zitrone, der Thymus herba barona riecht sogar nach Kümmel. Am liebsten wächst er auf einem trockenen, steinigen, völlig unge-

TIP
Thymian hat eine stark desinfizierende Wirkung und einen angenehmen Geruch. Kochen Sie Blätter und Stengel eine halbe Stunde lang in Wasser, geben Sie einen Spritzer Flüssigseife hinzu: fertig ist ein sehr guter Bio-Reiniger (und Sie haben Ihren Busch ein wenig abgeerntet). Hält im Kühlschrank eine Woche.

düngten Hügel. Sie werden ihn vermutlich nicht allzu häufig verwenden, deshalb sollten Sie ihn im Frühjahr kräftig herunterschneiden, er verholzt sonst. Nach drei, vier Jahren ist er verbraucht und sollte ersetzt werden.

YSOP

Hyssopus officinalis

Auf einen Blick

Art: mehrjährig
Höhe: 60 cm
Boden: locker, kalkhaltig
Standort: Sonne
Ernte: nur ganz junge Blättchen pflücken, Trocknen möglich
Heilkunde: Universalmittel gegen zahlreiche Beschwerden
Küche: Suppen, Fleischgerichte, Salate

89

"Vertreibet das Zahnweh ... "
Heutzutage ist die alte Heilpflanze in erster Linie wegen ihres hübschen Aussehens gefragt. Der halbhohe Strauch mit den blauen, weißen oder rosa Blüten gilt als ideale kleine Hecke für den Kräutergarten. Zum Kochen wird Ysop kaum noch verwendet, allenfalls bei der Likörzubereitung ist er wegen seines Bitterstoffs (er hat einen leicht bitteren Pfefferminzgeschmack) gefragt.

> **TIP**
> *Ysop ist ein Starkzehrer. Er laugt den Boden aus. Pflanzen Sie ihn nicht länger als zwei Jahre hintereinander an die gleiche Stelle.*

ZITRONENMELISSE
Melissa officinalis

Auf einen Blick
Art: mehrjährig
Höhe: 60-100 cm
Boden: nährstoffreich, feucht
Standort: Sonne oder Halbschatten
Ernte: Blätter nach Bedarf abzupfen, zum Trocknen kurz vor der Blüte schneiden

Heilkunde: uraltes Heilmittel, beruhigend, schmerzlindernd
Küche: frisch zu Salaten, Quarkspeisen, Erdbeeren

"Von allen Dingen, die die Erde hervorbringt, die beste Pflanze für das Herz."
Zitronenmelisse, oft auch nur kurz Melisse genannt, ist eine uralte Gewürz- und Heilpflanze mit grünen Blättern, die stark nach Zitrone duften. Leider braucht sie mehr Platz, als die meisten Gartenbesitzer ihr zugestehen möchten. Ähnlich wie die Minze besetzt sie nach kurzer Zeit weite Teile des Kräuterbeets. Sie sollten sie deshalb am besten in einen Topf setzen. Da wird sie aus Protest nicht ganz so hoch, duftet und würzt aber genauso intensiv. Aussäen ist – mit Voraussaat – möglich, aber mühsam. Am besten, Sie lassen sich einen Ableger schenken: Jeder Melissenbesitzer ist nur zu erfreut, wenn er ein Stück losbringt.

> **TIP**
> *Zerdrückte Melissenblätter, auf einen Wespen- oder Bienenstich gelegt, wirken stark schmerzlindernd.*

REGISTER